MARIANNE SADDINGTON

PAPIERKUNST

Schöpfen · Färben · Gestalten

Mit zahlreichen Anwendungsbeispielen

Fotos von Juan Espi

Illustrationen von Marianne Saddington

MOSAIK VERLAG

Die Originalausgabe erschien 1991
unter dem Titel „Making your own paper"
bei New Holland (Publishers) Ltd.

© 1991 New Holland (Publishers) Ltd. London

Der Mosaik Verlag ist ein Unternehmen der
Verlagsgruppe Bertelsmann

© 1992 für die deutsche Ausgabe
Mosaik Verlag GmbH, München/5 4 3 2 1
Übersetzung: Beate Gorman, Marl
Redaktion: Ulrike Pichler, Jutta Hamberger
Satz: Susanne Aßmann, München
Druck und Bindung: Kyodo Printing
Printed in Singapore
ISBN 3-576-10227-2

Inhalt

Einleitung

Als Kalligraphin interessierte es mich, ungewöhnliches Papier zum Beschriften herzustellen. Nachdem ich die Technik kennengelernt hatte, war ich von ihrer Einfachheit überrascht und beschäftigte mich eingehend mit der Geschichte dieses Handwerks. Angesichts der Fülle von kommerziell hergestelltem Papier fragt man sich, worin der Reiz von selbstgemachtem Papier liegt. Viele Menschen mögen von Hand hergestellte Dinge. Die einzigartige Struktur und individuelle Qualität handgemachten Papiers macht es zu mehr als nur einer Oberfläche für Schrift und Zeichnungen – es ist ein schönes Objekt an sich, da sich keine zwei Bögen gleichen.

Papiermachen ist kein teures Hobby, es sei denn, Sie wollen Baumwollpapier herstellen oder nach den japanischen Methoden arbeiten. Sie brauchen nur eine ebene Fläche, Wasser, einen elektrischen Mixer, saugfähige Stoffe, ein paar Werkzeuge und Rohmaterialien aus der Küche oder dem Garten.

Papier ist eine alltägliche Sache, und doch kennen nur wenige Menschen die Technik der Papierherstellung. Eigentlich sind die Arbeitsschritte sehr einfach und gestatten es dem Amateur, ungewöhnliche und individuelle Papiere in relativ kurzer Zeit herzustellen. Dieses Buch bietet grundlegende Informationen über das Papiermachen und erklärt vereinfachte Versionen der traditionellen und modernen Methoden. Ich beginne mit einfachen Methoden zur Wiederverarbeitung von Papierabfällen und gehe dann zur Papierherstellung aus verschiedenen kultivierten Pflanzen über. Projekte am Ende des jeweiligen Kapitels werden Ihre Fertigkeiten steigern und Sie zu eigenen Experimenten anregen. Ich stelle auch Ideen vor, durch die man Papier in kreative Geschenke verwandeln und die Möglichkeiten der Papierkunst erkunden kann.

Von links nach rechts: Velinpapier, ägyptischer Papyrus, geschlagene Papyrusrinde, Rindenstoff aus Uganda und Japanpapier.

Kapitel 1

Was ist Papier?

*„Für echtes Papier müssen die dünnen
Bögen aus Fasern hergestellt sein, die so
lange eingeweicht wurden, bis jede einzelne
Faser eine getrennte Einheit bildet; die Fasern werden mit Wasser vermischt und mit
Hilfe eines siebähnlichen Gitters in Form
einer dünnen Schicht aus dem Wasser geho-
ben, so daß das Wasser durch die kleinen
Öffnungen des Siebs abfließt und ein Bogen
aus verfilzten Fasern zurückbleibt. Diese
dünne Schicht wird als Papier bezeichnet."*

DARD HUNTER, 1978

Im wesentlichen besteht Papier aus miteinander verbundenen Fasern pflanzlicher
Materialien wie Holz, Stroh, Flachs, Hanf
oder Baumwolle, die zerkleinert und aufgebrochen werden, um die in den Fasern ent-
haltene Zellulose freizusetzen. Diese Fasern
werden zu einem Brei geschlagen und anschließend mit Wasser vermischt.

Papier, so wie wir es heute kennen, entstand vor etwa zweitausend Jahren in China.
Seine Erfindung wird meistens dem chinesi-
schen Eunuchen Ts'ai Lun im Jahr 105 n.
Chr. zugesprochen. Vorher schrieben chine-
sische Schreiber mit einem spitzen Stift auf
Holz- oder Bambusstreifen. Dies war jedoch

beschwerlich, und die Holz- oder Bambus-
streifen wurden später von Büchern oder
Rollen aus gewebtem Stoff abgelöst. Ts'ai
Lun begann, Papier aus Baumrinde, Hanf-
abfällen, alten Lumpen, Fischernetzen und
anderen Pflanzenfasern herzustellen.
Seitdem wurden viele andere Pflanzen zur
Papierherstellung verwendet, beispielsweise
Maulbeerrinde, Hanf, Chinagras, Bambus
und Gampi (*Wikstroemia canascens*). In
Europa wurde etwa tausend Jahre später das
Papier aus Leinen- und Baumwollumpen
hergestellt. Durch die Entwicklung der
Buchdruckerkunst wurden größere Papier-
mengen gebraucht, und zu Beginn des
19. Jahrhunderts suchte man nach einem
ökonomischeren und in größeren Mengen
vorhandenen Material. Diese Entwicklung
führte dazu, Papier aus weiterverarbeitetem
Holz herzustellen.

Der Gebrauch von Holz in der Papierherstellung war nichts Neues. Die Idee dazu
stammte von dem französischen Natur-
wissenschaftler de Réaumur, der Wespen
beim Nestbau beobachtete. Wespen raspeln
trockenes Holz, das sie zu einer formbaren
Paste zerkauen, aus der sie ein papierartiges
Nest bauen, das widerstandsfähig und sehr
wasserbeständig ist. Diese Entdeckung führ-

Wespennest und getrockneter Holzstoff

te dazu, daß Chemiker begannen, mit den Eigenschaften von Holz als Rohstoff für Papier zu experimentieren.

Heute wird der größte Teil unseres Papiers hergestellt, indem chemisch und mechanisch weiterverarbeitetes Holz auf schnell vorbeilaufende Filzbänder gesprüht wird.

Im allgemeinen bevorzugen Künstler handgeschöpftes Papier aufgrund seiner Stärke und Haltbarkeit. In westlichen Ländern sind diese Eigenschaften vorwiegend auf den hohen Baumwollanteil zurückzuführen. Baumwollfasern sind lang, stark und widerstehen den langfristigen zerstörerischen Auswirkungen von Licht und Atmosphäre. Je höher der Baumwollanteil (und je geringer der Prozentanteil des Holzstoffes) im Papier ist, desto höher ist seine Qualität. Im Osten werden durch die langsame und vorsichtige Verarbeitung langfasriger Pflanzen dünne Papiere von bemerkenswerter Dehnungsstärke und Haltbarkeit hergestellt.

Was kann nicht als Papier angesehen werden?

Mehrere Substanzen, die wir oft als Papier klassifizieren, können nicht als echtes Papier betrachtet werden. Dazu zählt beispielsweise Papyrus, Reispapier, Pergament, Velinpapier und die traditionellen Rindenstoffe Mittelamerikas und Polynesiens.

Papyrus ist ein laminiertes Material, das aus *Cyperus papyrus* hergestellt wurde – einer Pflanze, die in großen Mengen an den Ufern des Nils wuchs – indem Längsstreifen aus dem Stengelinneren geschnitten, nebeneinander gelegt und in zwei oder drei Schichten kreuzweise übereinander angeordnet wurden. Sie wurden in Wasser eingeweicht und gepreßt.

Reispapier ist aus zwei Gründen eine falsche Bezeichnung – es besteht weder aus Reis noch handelt es sich um echtes Papier. Es wird aus einer Baumart, *Tetrapanex papyriferum* (früher *Fatsia papyrifera*) hergestellt, die im Norden Taiwans in den Bergen wächst. Mit einem scharfen Messer wird das „Papier" spiralenförmig aus dem Mark des Pflanzenstammes geschnitten.

Pergament und Velinpapier dienten bereits 1500 v. Chr. als Schreiboberflächen und werden noch heute für Urkunden und besondere Handschriften verwendet. Obwohl beide wie Papier aussehen und sich auch so anfühlen, werden sie aus den gedehnten und behandel-

Papyrusherstellung

Die grüne Außenhaut vom Stengel abziehen.

Schichten dünner Streifen aus dem Mark werden rechtwinklig aufeinander gelegt.

Die Schichten werden leicht mit einem Holzhammer geschlagen, um das Binden der Fasern zu fördern.

ten Häuten von Schafen und Kälbern hergestellt. Pergament wird aus der Fleischseite des Spaltleders von Schafen hergestellt (kräftiges Leder erhält man von der Wollseite), während Velinpapier aus der Haut totgeborener oder neugeborener Kälber oder Lämmer hergestellt wird.

Die Ureinwohner von Mexiko, Zentralamerika und Polynesien benutzten die flachgeklopfte innere Rinde von Hanfpflanzen sowie Feigen- und Maulbeerzweigen, um eine Art Papier herzustellen, das sie Huun, Amatl und Tapa nannten.

Kapitel 2

Erste Arbeiten

Die Wiederverarbeitung von Papierabfällen wie Computer- oder Briefpapier ist die einfachste Möglichkeit, Papier herzustellen. Zu diesem Zweck werden sie mit Wasser zu einem Papierbrei vermischt. Wenn genug Papierbrei für einige Bögen Papier vorhanden ist, wird ein Rahmen auf ein Stück dicken Stoff (Filz oder alte Wolldecken) gelegt und der Brei auf den Filz im Rahmen gegossen. Das überschüssige Wasser läuft ab und wird zusätzlich von einem weiteren Stück Filz, das darübergelegt wird, aufgenommen. Mit einem Nudelholz rollt man fest über die obere Stofflage, so daß noch mehr Wasser herausgepreßt wird. Das Filzstück kann dann mit dem nassen Papier zum Trocknen aufgehängt werden. In diesem Kapitel wird auch erklärt, wie man übriggebliebenen Papierbrei aufheben kann.

Grundausrüstung für das Papiermachen nach der Gießmethode. *Im Uhrzeigersinn von rechts oben:* große Plastikflasche, Rahmen, Stickrahmen, Schwamm, Holzlöffel, Meßbecher, Nudelholz, Trichter, Sieb mit Netz und Eimer.

Grundausrüstung für die Gießmethode

Ein Rahmen (ein kleiner Bilder- oder Stickrahmen, Eßstäbchen, Holzleisten oder ein Stück Pappe, das zu einem rechteckigen Rahmen gefaltet wurde), in den der Papierbrei gegossen wird. Die Größe sollte ungefähr einem DIN A5-Blatt (210 x 148 mm) entsprechen.

Ein saugfähiger Schwamm zum Aufwischen von Wasser.

Ein Meßbecher oder großer Joghurtbecher zum Gießen des Papierbreis.

Ein Holzlöffel zum Umrühren des Papierbreis.

Ein Nudelholz oder eine glatte Glasflasche (Weinflasche) zum Pressen der nassen Papierbögen, damit überschüssiges Wasser entfernt wird.

Ein Plastikeimer zum Aufbewahren des Papierbreis.

Eine große Plastikflasche zum Aufbewahren des Papierbreis.

Ein Trichter zum Abgießen von übriggebliebenem Papierbrei.

Ein elektrischer Mixer zum Zerkleinern von Pflanzenmaterial für Papier aus Pflanzenfasern. Für die Projekte in diesem Buch reicht eine Küchenmaschine mit einem Fassungsvermögen von 1 l.

Filz, auf den der Papierbrei gegossen wird, so daß Papierbögen entstehen. Er ist in Stoffläden erhältlich. Verwenden Sie nur den dünneren Filz aus Naturfasern, nicht die dickere Qualität aus Polyester. Alte Wolldecken, Baumwollaken oder dicker Kattun können ebenfalls verwendet werden, aber vermeiden Sie dünne Stoffe – das „Abgautschtuch" muß eine gewisse Festigkeit haben. (Für das Projekt am Ende dieses Kapitels verwenden Sie Baumwollstoff anstelle von Filz.)

Netzgardine und Sieb zum Abgießen von übriggebliebenem Papierbrei. Der Brei kann, so wie er ist, in versiegelten Eimern oder Flaschen aufbewahrt oder durch ein mit Netzgardine ausgeschlagenes Sieb abgegossen werden, um das Volumen zu reduzieren und die Lagerung zu erleichtern (weitere Einzelheiten siehe S. 19). Man kann auch einen abgeschnittenen Nylonstrumpf verwenden.

Die Herstellung eines Beutels zum Abgießen

Schneiden Sie ein Stück Netzgardine von 86 x 70 cm Größe zu. Die beiden kürzeren Seiten werden zusammengenäht, anschließend die Unterseite. Falten Sie an der Oberkante 4 cm um, und nähen Sie einen Saum.

Netzbeutel für einen normalgroßen Eimer.

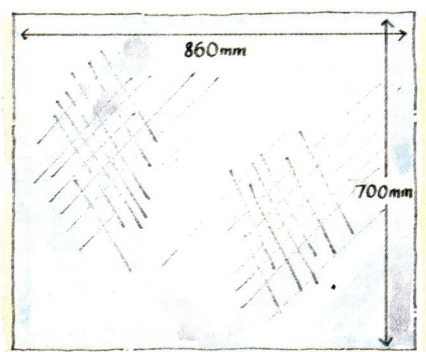

Netzgardine

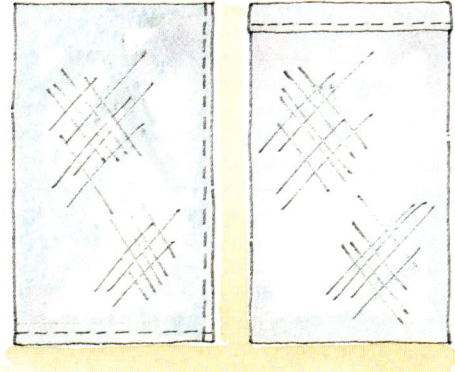

Die Seiten und den unteren Rand zusammennähen.

Oberkante umschlagen und säumen.

Die Herstellung des Papierbreis

Wiederverarbeiteter Papierbrei kann aus Kosmetiktüchern, Computerpapier, Fotokopierpapier, Geschenkpapier, Packpapier, Aquarellpapier, Pastellpapier, Briefpapier oder Briefumschlägen allein oder in jeder beliebigen Kombination hergestellt werden. Verwenden Sie kein stark bedrucktes Papier, wenn Sie haltbares Papier herstellen wollen (siehe Kasten unten). Entfernen Sie Klebefilm und Heftklammern.

> *Anmerkung: Zeitungen und Zeitschriften müssen mit einem Reinigungsmittel gekocht werden, um die Druckerschwärze zu entfernen. Reißen Sie das Papier in Streifen und kochen Sie es etwa eine Stunde lang in Wasser (2 l), dem Sie einen Eßlöffel Geschirrspülmittel zugesetzt haben. Schöpfen Sie beim Kochen den Schaum ab - dies ist die Druckerschwärze, die aus dem Papier entfernt wird. Spülen Sie dann das Papier gut, bevor Sie es zu Papierbrei zerkleinern. Die Wiederverarbeitung von Zeitungen birgt einige Nachteile – das Papier wird leicht von Säure angegriffen, verfällt schnell und wird aufgrund der Unreinheiten, die im Papierbrei verblieben sind, mit der Zeit brüchig und gelb. Verwenden Sie also keine Zeitungen, wenn Sie haltbares Papier herstellen wollen.*

Reißen Sie das Papier in Stücke von 2 cm Größe und weichen Sie es über Nacht in Wasser ein – je besser die Papierqualität desto kleiner die Stücke und desto länger die Einweichzeit. Kosmetiktücher beispielsweise kann man in recht große Stücke reißen. Sie müssen nur 30 Minuten lang eingeweicht werden, während Fabriano-Aquarellpapier in Stücke von weniger als 2 cm Größe gerissen und dann zwei bis drei Tage eingeweicht werden sollte. Sie können diesen Prozeß verkürzen, indem Sie kochendes Wasser über das zerrissene Papier gießen und es stehen lassen. Die meisten Papiersorten lassen sich dann nach ein bis zwei Stunden zerkleinern.

Nach dem Einweichen wird das Papier in einer Küchenmaschine zerkleinert. Geben Sie eine kleine Handvoll von dem nassen, zerrissenen Papier in den Mixer und stellen Sie ihn 15–30 Sekunden an. Bei dickem Karton oder Qualitätspapieren verlängert sich die Zeit entsprechend. Bald werden Sie genug Erfahrung haben und wissen, wie lange die unterschiedlichen Papiere zerkleinert werden müssen. Zerkleinern Sie das Papier möglichst schnell, so daß die Fasern gerade getrennt werden. Es macht nichts, wenn einige Stückchen nicht ganz zerkleinert werden - sie verleihen dem Papier Charakter. Wenn Sie keinen Mixer besitzen, können Sie die eingeweichten Papierstücke zu Papierbrei schlagen, indem Sie sie in einem Eimer mit einem dicken Stock oder einer mit Wasser gefüllten Flasche bearbeiten. Dies entspricht wohl der Tradition eher als das Zerkleinern mit dem Mixer, doch ist es schwere Arbeit und sehr zeitaufwendig. Geben Sie den Papierbrei in einen Eimer oder eine große Plastikflasche, bis Sie genug für mehrere Bögen haben. Eine Mixerfüllung ergibt einen dünnen DIN A4-Bogen (297 x 210 mm) oder einen etwas dickeren DIN A5-Bogen (210 x 148 mm). Sie müssen experimentieren, um festzustellen, welche Stärke Sie bevorzugen.

Zerrissene Papierstreifen werden vor dem Zerkleinern im Mixer in Wasser eingeweicht.

Anmerkung: *Schlagen Sie den Papierbrei nicht zu lang. Um zu prüfen, ob der Brei genug zerkleinert wurde, geben Sie einen Teelöffel Papierbrei in einen Behälter mit Wasser. Schrauben Sie den Deckel zu und schütteln Sie das Glas. Wenn im Wasser einzelne Fasern herumschweben, hat der Brei die richtige Konsistenz. Wenn Klumpen oder ganze Stücke vorhanden sind, muß der Brei noch weiter zerkleinert werden. Wenn der Papierbrei eine sahnige Konsistenz hat und keine Fasern sichtbar sind, wurde er zu lange geschlagen – die Fasern sind dann zu schwach, um sich stark miteinander zu verbinden.*

Den Papierbrei auf Filz gießen

Legen Sie ein Stück trockenen Filz auf ein großes Tablett oder auf mehrere Bögen Zeitungspapier. Der Filz muß ganz glatt ausgebreitet werden. Legen Sie den Rahmen so auf den Filz, daß der Stoff an allen Seiten übersteht.

Füllen Sie einen 500 ml-Meßbecher (oder einen großen Joghurtbecher) mit Papierbrei aus dem Eimer und gießen Sie den Brei mit einer schnellen Bewegung aus dem Handgelenk auf den Filz im Rahmen. Schütteln Sie das Tablett oder den Filz schnell nach rechts und links, nach hinten und nach vorn. Auf diese Weise werden die Fasern gleichmäßig verteilt und bilden einen gleichmäßigen Papierbogen. Schütteln Sie das Tablett jetzt nicht weiter, da sich die Fasern sonst wieder trennen, wenn das Wasser abläuft. Lassen Sie das Wasser etwa eine Minute lang ablaufen und wischen Sie es außerhalb des Rahmens mit einem Schwamm weg. Nehmen Sie vorsichtig den Rahmen ab und legen Sie ein neues Stück trockenen Filz auf den nassen Bogen. Drücken Sie den Stoff vorsichtig mit der flachen Hand an, bis er das Wasser aufnimmt. Legen Sie dann einen Schwamm auf das obere Filzstück, damit er die Feuchtigkeit aufnehmen kann. Drücken Sie den Schwamm aus und wiederholen Sie den Prozeß, bis der größte Teil des überflüssigen Wassers entfernt ist. Rollen Sie jetzt langsam, aber fest mit dem Nudelholz über

Papierbrei im Innern eines Rahmens auf ein Filzstück gießen.

Das nasse Papier wird mit dem Nudelholz zwischen zwei Filzstücken gepreßt.

Anmerkung: *Pressen Sie das Papier nicht zu bald mit dem Nudelholz. Wenn das Papier noch sehr naß ist, werden die Fasern durch zu starken Druck mit dem Nudelholz verschoben, so daß der Bogen reißt.*

das obere Filzstück – auf diese Weise wird nicht nur das Papier zusammengepreßt, sondern weiteres Wasser entfernt. Wenn Sie das meiste überschüssige Wasser entfernt haben, ziehen Sie das obere Filzstück vorsichtig ab und hängen den Bogen zusammen mit dem unteren Filzstück zum Trocknen auf.

Das obere Stoffstück kann auch aus Baumwolle oder Wolle bestehen. Denken Sie daran, daß seine Struktur auf die Papieroberfläche übertragen wird. Wenn man Mull verwendet, entsteht eine hübsche Oberflächenstruktur für Zeichnungen.

Übriggebliebenen Papierbrei aufbewahren

Papierbrei kann in verschlossenen Flaschen oder Eimern ein paar Wochen lang aufbewahrt werden. Wenn er zu riechen beginnt, geben Sie pro Liter Papierbrei ein paar Tropfen Formalin (eine Formaldehyd-Lösung), Nelkenöl oder Scheinbeeren-Öl (erhältlich in der Apotheke) dazu, um den Zerfall aufzuhalten. Normale Haushaltsbleiche ist ebenfalls geeignet (man verwendet etwa 5 ml für eine 2 l-Flasche Papierbrei). Bevor Sie den Brei wiederverwenden, müssen Sie ihn im Netzbeutel gründlich spülen.

Um das Volumen zu reduzieren, können Sie den Papierbrei abgießen und im Kühlschrank aufbewahren. Vor der Verwendung verdünnen Sie den Brei wieder. Sie können Papierbrei auch in einem Strumpf zum Trocknen aufhängen. Wenn Sie weiteren Brei benötigen, brechen Sie einfach Stücke ab, die Sie eine Stunde lang einweichen und dann zerkleinern.

Papierbrei kann naß oder trocken aufbewahrt werden.

PROJEKT 1
Zwei Bögen einfaches Papier

MATERIAL UND WERKZEUG
Liste der Grundausrüstung (siehe S. 16)
ein kleiner Stick- oder Bilderrahmen
fünf Kosmetiktücher oder zwei Servietten
500 ml kochendes Wasser
vier Stücke Baumwollstoff
Bügeleisen und Bügelbrett
Tablett

Reißen Sie die Kosmetiktücher in Stücke, geben Sie diese in einen Meßbecher und fügen Sie das kochende Wasser hinzu. Lassen Sie das Ganze etwa zehn Minuten lang stehen. Legen Sie ein Taschentuch oder ein Stück Baumwollstoff auf das Tablett. Achten Sie darauf, daß es glatt liegt und das Tablett auf einer ebenen Fläche steht. Legen Sie den Rahmen mitten auf den Stoff. Mischen Sie die Papierstücke und das Wasser fünf Sekunden lang im Mixer zu einem cremigen Brei (oder schlagen Sie sie mit einem Schneebesen). In der Zwischenzeit stellen Sie das Bügeleisen auf mittlere Hitze ein.

Gießen Sie jetzt den gemixten Brei schnell auf den Stoff im Innern des Rahmens und schütteln Sie das Tablett, um die Fasern zu verteilen. Lassen Sie das Wasser etwa eine Minute lang ablaufen und wischen Sie es außerhalb des Rahmens mit dem Schwamm auf. Legen Sie das zweite Stoffstück darauf, so daß Brei und Rahmen bedeckt werden, und fahren Sie fort, das überschüssige Wasser aufzuwischen, bis es fast abgelaufen ist. Nehmen Sie das obere Stoffstück ab und entfernen Sie den Rahmen vorsichtig. Legen Sie das obere Stoffstück wieder darauf, und rollen Sie sorgfältig mit dem Nudelholz über das Papier-„Sandwich". Ersetzen Sie das obere Stoffstück durch ein trockenes. Glätten Sie es gut, und bügeln Sie, bis sich der Stoff trocken anfühlt. Drehen Sie das Papier-„Sandwich" um, ersetzen Sie das nasse Stoffstück durch ein trockenes und bügeln Sie, bis es sich trocken anfühlt. Bügeln Sie abwechselnd von beiden Seiten, bis das Papier knochentrocken ist und entfernen Sie dann die Stoffstücke (schieben Sie ein Messer unter das Papier, um eine Ecke anzuheben).

Links: Ausrüstung und Papier aus Projekt 1.

Rechts: Papiere aus Projekt 1 und 2.

Der nasse Bogen kann zwischen zwei Stoffstücken trockengebügelt werden.

PROJEKT 2
Zwei Bögen gesprenkeltes Papier

Für gesprenkeltes Papier werden zwei verschiedene Sorten Papierbrei miteinander vermischt. Stellen Sie eine Tasse Papierbrei aus farbigen Kosmetiktüchern her und eine Tasse weißen Brei. Für letzteren reißen Sie Papierabfälle (Briefpapier, Briefumschläge oder Computerpapier) in kleine Stücke und fügen kochendes Wasser hinzu. Lassen Sie das Ganze eine Stunde lang stehen und zerkleinern Sie es dann etwa 20 Sekunden lang im Mixer. Fahren Sie fort wie in Projekt 1, aber gießen Sie den weißen und den farbigen Brei gleichzeitig in den Rahmen.

Kapitel 3

Papier schöpfen

Der Schöpfrahmen mit dem neu geschöpften Papier tropft über der Bütte ab.

Sie haben jetzt einige Bögen Papier hergestellt und einige Kenntnisse über die Eigenschaften und Möglichkeiten von Papierbrei gewonnen.

Die in diesem Kapitel beschriebene Methode zur Papierherstellung ist die häufigste und ähnelt den traditionellen Arbeitsverfahren und den Methoden in der modernen Industrie am ehesten. Der Papierbrei wird in Wasser im Verhältnis von 2–5 Teilen Papierbrei zu 95–98 Teilen Wasser in der sogenannten Bütte aufbewahrt. Ein Sieb, der Schöpfrahmen, wird in die Bütte gesenkt und hebt den Papierbrei heraus. Das Wasser läuft durch das Sieb ab, so daß eine dünne Schicht Papierbrei auf dem Netzgitter zurückbleibt. Der „nasse Bogen" wird auf das Gautschtuch (Filz) übertragen. Dieser Prozeß wird wiederholt, bis ein ganzer Stapel von Filzstücken vorhanden ist, der dann gepreßt werden kann. Anschließend werden die Filzstücke mit den Papierbögen einzeln abgehoben, damit sie trocknen können.

Für diese Methode des Papiermachens benötigen Sie folgende Ausrüstung:

Der Schöpfrahmen

Der Schöpfrahmen ist das wichtigste Werkzeug für den Papiermacher. Er besteht aus einem einfachen rechteckigen Rahmen, über den ein Netzgitter als Sieb für den Papierbrei gespannt ist. Der Schöpfrahmen der professionellen Papiermacher besteht normalerweise aus Mahagoni und Messingdraht. Es ist auch üblich, für jeden Deckrahmen zwei

Schöpfrahmen zu haben, so daß das Wasser von einem Schöpfrahmen ablaufen kann, während der andere in die Bütte mit dem Papierbrei getaucht wird. Für den Hobby-Papiermacher ist es jedoch möglich, Papier mit einfacheren und weniger teuren Schöpfrahmen herzustellen.

Improvisierte Schöpfrahmen

❏ Ein einfacher runder Schöpfrahmen läßt sich herstellen, indem man ein Stück Netzgardine aus Nylon über einen Stickrahmen spannt.

❏ Ein flaches Drahtsieb (beispielsweise ein Spritzschutz) kann auch verwendet werden, um runde Bögen herzustellen.

❏ Ein Bilderrahmen, auf den ein Stück Netzgardine geklammert wurde, ist gut geeignet für kleine Bögen. Ein Bilderrahmen in dersel-

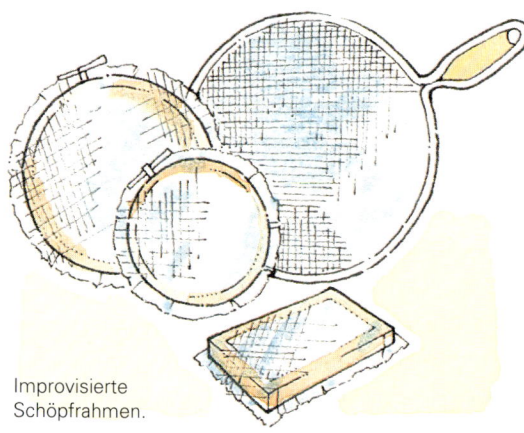

Improvisierte Schöpfrahmen.

ben Größe (ohne Netz) kann als „Deckrahmen" dienen (siehe S. 26).

Der Schöpfrahmen des Papiermachers

Ein dauerhafter, aber dennoch einfacher Rahmen kann aus Holz hergestellt werden.

Anmerkung: *Mit Ausnahme der ersten fünf Projekte beziehen sich die Maße und Mengen in diesem Buch auf die Herstellung von DIN A4-Bögen. Dies ist die Standardgröße, die für Geschäftspost, Prospekte und Druckerzeugnisse weit verbreitet ist. Das DIN A-System richtet sich nach dem ISO (International Standards Organization)-System für Papiergrößen. DIN A4-Papier ist 297 x 210 mm groß. Verdoppelt man diese Größe, erhält man DIN A3, halbiert man sie, erhält man DIN A5. Halbieren oder verdoppeln Sie also die angegebenen Mengen.*

---

1. Zur Herstellung von DIN A4-Papier mißt das Rahmeninnere 30 x 21 cm. Die Holzleisten für den Rahmen sollten 2 x 5 cm messen. Sie brauchen zwei Leisten von 21 cm Länge und zwei von 34 cm Länge, die an den Ecken einfach zusammengeklebt und vernagelt werden. Die Ecken können mit Winkeln aus Messing noch verstärkt werden.

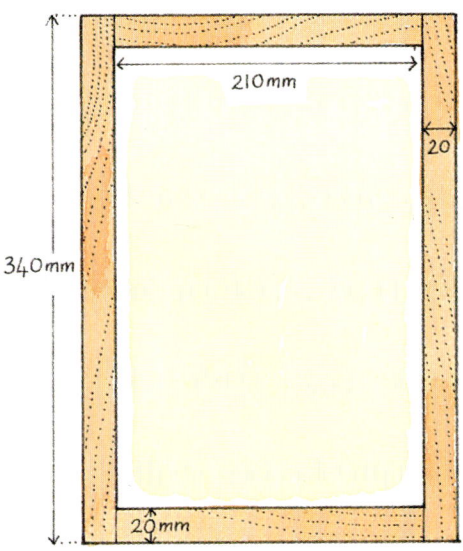

Maße eines Schöpfrahmens für Papierbögen in DIN A4-Größe.

2. Um Papier von etwa DIN A4-Größe herzustellen, betragen die Innenabmessungen des Rahmens 21 x 15 cm. Die Holzleisten sollten 2 x 2 cm messen. Sie brauchen zwei Stücke von 15 cm und zwei Stücke von 25 cm Länge.

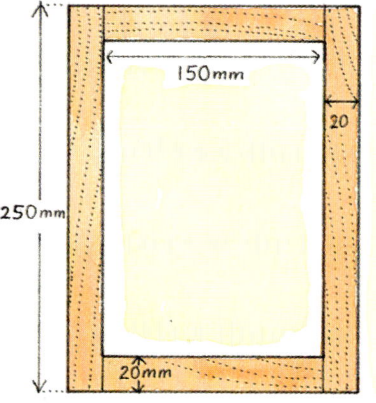

Maße eines Schöpfrahmens für Papierbögen in DIN A5-Größe.

Wenn der Rahmen fertig ist, muß er mit Maschengitter versehen werden, das so straff wie möglich gespannt wird. Das Gitter kann mit Reißzwecken oder mit Klammern befestigt werden. Als Material können Netzgardinen, Fliegendraht oder Moskitonetze, Siebe für den Siebdruck oder jeder andere poröse Stoff mit feinem Maschenwerk dienen. Wenn Sie Stoff verwenden, sollten Sie ihn vor dem Spannen anfeuchten, da einige Materialien durchhängen, wenn sie ins Wasser getaucht werden, so daß Papierbögen von unregelmäßiger Stärke entstehen. Bei der Herstellung des Schöpfrahmens sollten Sie eisenhaltige Metalle vermeiden, da diese Stockflecken auf dem Papier verursachen.

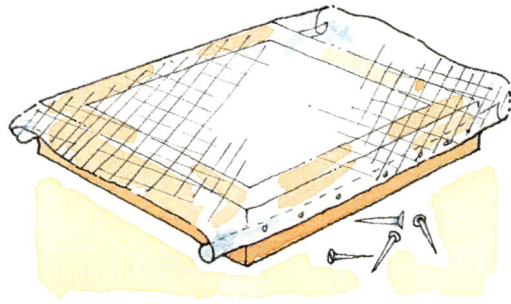

Das Maschengewebe wird fest gespannt, wenn es auf den Rahmen genagelt wird.

Unregelmäßige Büttenränder sind charakteristisch für handgeschöpftes Papier.

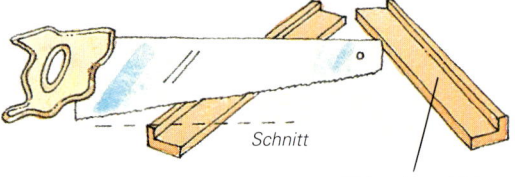

Schnitt

Bilderrahmenleiste

Der Deckrahmen

Der Deckrahmen, ein abnehmbarer Rahmen ohne Netz, der dieselbe Größe wie der Schöpfrahmen hat, liegt auf dem Maschengitter und hält den Papierbrei auf dem Maschennetz. Er verursacht den unregelmäßigen Büttenrand, der für handgemachtes Papier charakteristisch ist. Ohne Deckrahmen wird das Papier dünner und der Rand noch unregelmäßiger.

Für einen einfachen Deckrahmen stellen Sie einen zweiten, 2,5 cm tiefen Rahmen in der Größe des Schöpfrahmens her.

Um einen komplizierteren Deckrahmen herzustellen, brauchen Sie etwas handwerkliches Geschick. Sie können eine 3 cm breite Bilderrahmenleiste verwenden, die eine Eckkante von etwa 0,5 cm Breite hat. Sie brauchen eine Leiste von etwa 1,5 m Länge

für einen Deckrahmen, der auf einen DIN A4-Schöpfrahmen paßt (Abfall beim Zuschnitt ist miteinberechnet). Sägen Sie die Leiste mit Hilfe einer Gehrlade zu, kleben Sie die Verbindungsstellen mit Holzleim zusammen und verbinden Sie die Ecken mit Winkeln aus Messing.

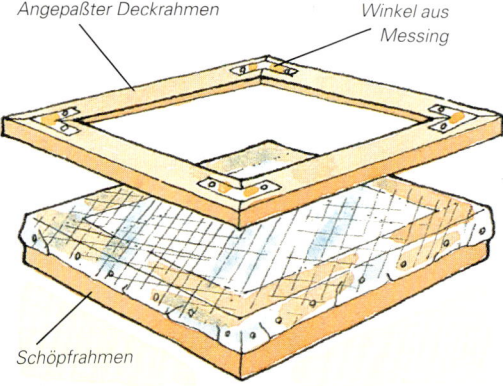

Angepaßter Deckrahmen   *Winkel aus Messing*

Schöpfrahmen

Die Bütte

Die Bütte ist ein großer Behälter, der das Wasser und den Papierbrei enthält. Sie muß so groß sein, daß sie Schöpf- und Deckrahmen, die mit beiden Händen gehalten werden, faßt. Eine Babywanne aus Plastik, die etwa 20 l Wasser faßt, reicht für DIN A4-Bögen völlig aus, während eine quadratische Waschschüssel mit einer Kapazität von 12 l für DIN A5-Bögen geeignet ist. Um größere Bögen mit einem größeren Schöpfrahmen herzustellen, können Sie z. B. eine halb durchgeschnittene Regentonne verwenden.

Gautschtücher

Die nassen Papierbögen werden aus dem Schöpfrahmen auf einen saugfähigen Stoff übertragen. Traditionell wurde dazu ein gefilzter Wollstoff verwendet (siehe S. 16).

Der Schöpfvorgang

Ein Eimer vorbereiteter Papierbrei (etwa 8 l) ergibt 20 bis 25 Bögen dünnes DIN A4-Papier. Zu Anfang gießen Sie 3 l Papierbrei in eine Babywanne und füllen kaltes Wasser bis 7 cm unter den oberen Rand ein.

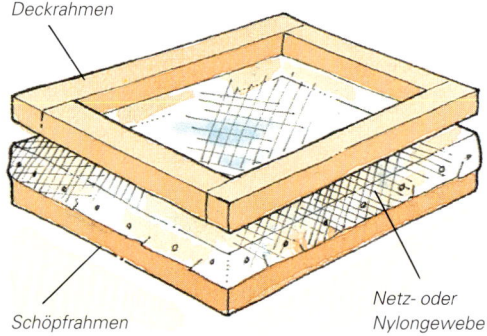

Deckrahmen

Schöpfrahmen   *Netz- oder Nylongewebe*

Bevor Sie mit dem Schöpfen beginnen, rühren Sie den Brei vorsichtig mit der Hand oder einem Holzlöffel um. Dies muß vor jedem einzelnen Schöpfvorgang geschehen, sonst könnten Papierbögen mit Klumpen und Wülsten entstehen. Feuchten Sie das Gitternetz des Schöpfrahmens an, damit der Papierbrei leichter entwässert wird.

Stellen Sie sich vor die Wanne, halten Sie den Schöpfrahmen mit beiden Händen an den kurzen Seiten fest und senken Sie ihn an der gegenüberliegenden Wannenseite senkrecht hinein. Kippen Sie den Rahmen vorsichtig in Ihre Richtung, bis er waagrecht etwa 5 cm unter der Wasseroberfläche liegt. Achten Sie darauf, daß Sie mit dem Schöpfrahmen nicht an die Seiten der Bütte stoßen, da dies Wülste verursacht. Heben Sie den Rahmen langsam heraus, halten Sie ihn etwa 15 Sekunden lang über der Wanne, bis der größte Teil des Wassers abgelaufen ist. Dann kippen Sie ihn leicht und lassen das Wasser weitere zehn Sekunden lang ablaufen. Wenn Sie zwei Schöpfrahmen haben, können Sie den einen an die Seite legen und abtropfen lassen, während Sie mit dem zweiten den nächsten Bogen schöpfen. Nach zwei bis drei Bögen füllen Sie die Bütte jeweils mit 1 l Papierbrei auf.

Mit dem Deckrahmen arbeiten

Drücken Sie die beiden Rahmen mit den Händen fest gegeneinander, während Sie sie in die Bütte tauchen. Heben Sie sie heraus und schütteln Sie sie leicht nach allen Seiten, um die Fasern zu verteilen. Nehmen Sie dabei eine entspannte Haltung ein und arbeiten Sie aus den Schultern heraus, nicht nur aus den Handgelenken. Anschließend lassen Sie die nassen Bögen wie bei der Arbeit mit dem Schöpfrahmen abtropfen. Nach etwa 30 Sekunden können Sie den Deckrahmen vorsichtig entfernen. Achten Sie darauf, daß keine Tropfen auf den nassen Bogen gelangen – diese würden kleine Stellen von dünnerem Papierbrei oder „Wasserzeichen" verursachen.

Anmerkung: Wenn man mit einem Deckrahmen schöpft, braucht man etwas weniger Papierbrei in der Bütte als ohne. Beginnen Sie mit 2 1/2 l und füllen Sie immer wieder auf.

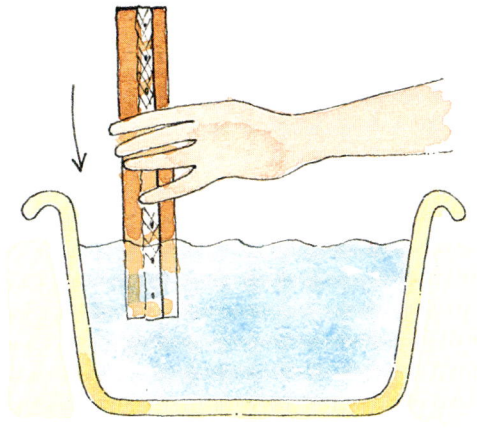

Senken Sie Schöpf- und Deckrahmen in die Bütte.

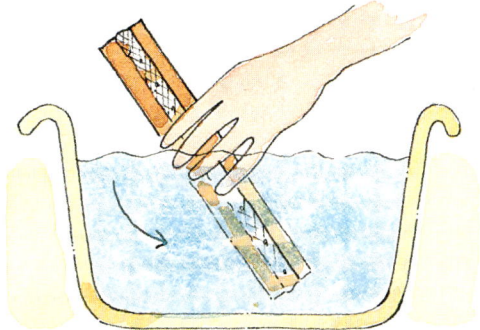

Kippen Sie den Schöpfrahmen in Ihre Richtung, während er noch im Wasser eingetaucht ist.

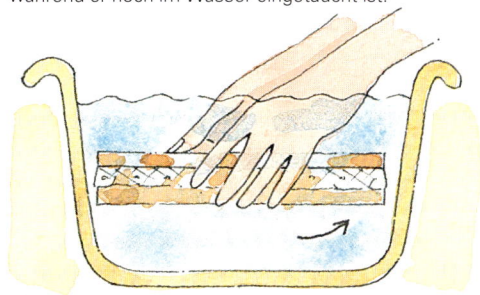

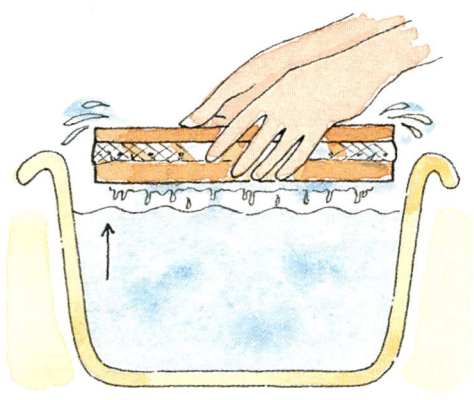

Heben Sie den Rahmen heraus und schütteln Sie ihn.

Einen Bogen auf dem Schöpfrahmen trocknen

Jetzt können Sie den Schöpfrahmen einfach schräg abstellen und trocknen lassen. Das Papier trocknet draußen an der Sonne oder neben der Heizung natürlich schneller. An einem windigen oder sonnigen Tag trocknet das Papier innerhalb weniger Stunden.

Wenn es sonnig ist und Sie mit zwei Schöpfrahmen arbeiten, können Sie mit dieser Methode bis zu 12 Bögen pro Tag herstellen. Wenn es sehr windig ist, kann der Schöpfrahmen jedoch umfallen, und das Papier wird ruiniert. Sichern Sie den Rahmen deshalb mit Ziegeln oder schweren Steinen. Regentropfen oder Wasser aus dem Gartensprenger würde die Fasern verschieben, so daß Löcher entstehen. Um das Papier vom Rahmen zu entfernen, schieben Sie ein scharfes Messer unter eine Papierecke und fahren unter dem oberen Rand entlang, um das Papier zu lockern. Dann ziehen Sie es vorsichtig ab.

Abgautschen

Der Begriff „gautschen" stammt wahrscheinlich von dem französischen Verb coucher, „hinlegen", ab. Wenn Sie einen nassen Bogen mit dem Schöpfrahmen geschöpft haben, können Sie ihn auf ein Stück nassen Filz abgautschen.

Zuerst legen Sie etwa fünf bis sechs nasse Filzstücke aufeinander, so daß ein weicher Stapel entsteht, der das Abgautschen erleichtert. Ohne diesen Stapel würden die ersten Bögen nicht so gut gelingen. Ein nasses, gefaltetes Handtuch oder ein nasses Stück Filzunterlage für Teppiche sollte noch unter den Filzstoß gelegt werden. Wenn Sie etwa zehn Bogen Papier fertiggestellt haben, kann diese Unterlage entfernt werden – der Stoß aus nassen Filztüchern und Papier ist dann hoch genug.

Legen Sie den Schöpfrahmen mit der langen linken Seite an die rechte Seite des Fil-

Das Papier kann im Schöpfrahmen bleiben und draußen an der Sonne trocknen.

Plazieren Sie den Rand des Schöpfrahmens auf den rechten Rand des Filzstücks, wobei der Papierbrei sich linkerhand befindet.

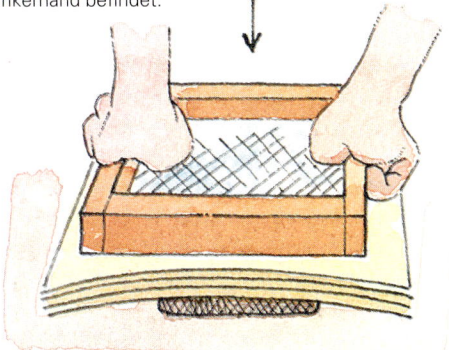

Rollen Sie den Schöpfrahmen in einer glatten Schaukelbewegung von rechts nach links fest auf das Filzstück.

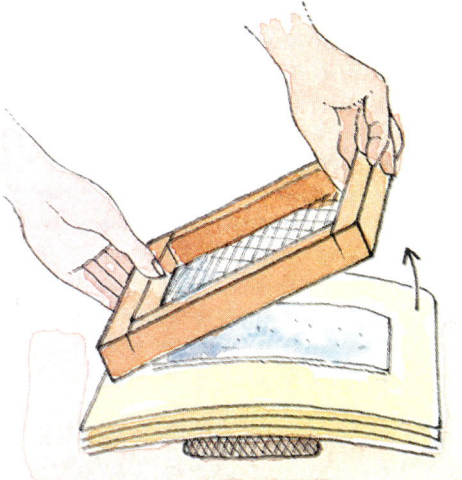

Heben Sie den Schöpfrahmen rechts ab, so daß der nasse Bogen auf dem Filzstück liegenbleibt.

zes, wobei sich das nasse Papier linkerhand befindet. Halten Sie den Rahmen senkrecht, so daß die linke Hand die obere Seite des Rahmens festhält. Mit beiden Händen führen Sie eine sanfte Rollbewegung aus und senken den Schöpfrahmen mit der linken Hand flach auf den Filz, so daß der Papierbrei auf dem Filz zu liegen kommt und heben ihn mit der rechten mit einer ruhigen Bewegung ab. Drücken Sie den Schöpfrahmen am Anfang eher fest auf als zu schwach. Mit einiger Übung werden Sie diese Bewegung glatt und ziemlich schnell durchführen können. Seien Sie also nicht enttäuscht, wenn der erste Bogen nicht gelingt. Legen Sie ein weiteres Stück nassen Filz auf den ersten Papierbogen und gautschen Sie einen zweiten Bogen darauf ab. Fahren Sie auf diese Weise fort, bis Sie einen ziemlich hohen Stapel von Filzstücken und Papierbögen vor sich haben, der dann gepreßt wird.

Bei der professionellen Abgautschmethode bildet man einen „Pauscht" (144 Bögen). Für den Hobbykünstler sind 20 bis 50 Bögen ausreichend (das Pressen und Trocknen eines Pauschts siehe Kapitel 4).

Die Filzstücke müssen ziemlich feucht sein, aber nicht triefend naß. Der Anfänger sollte darauf achten, daß sie eher zu naß als zu trocken sind.

Das Abgautschen von rechts nach links ist keine feststehende Regel; Sie können es ruhig andersherum angehen oder von hinten nach vorne abgautschen.

Anmerkung: Es ist möglich, Papierbögen auf Faservlies (nichtaufbügelbares Faservlies, wie Schneider es verwenden), Taschentücher, Stoffstücke aus Baumwolle oder Seide abzugautschen und diese dann trockenzubügeln. Feuchten Sie dazu ein dünneres Stück Stoff Ihrer Wahl an, legen Sie es auf einen nassen Stapel Filzstücke und gautschen Sie normal ab. Beim Bügeln befolgen Sie die Methode, die in Projekt 1 beschrieben wurde. Dünnere Stoffe sind nicht geeignet, wenn das Papier zum Trocknen aufgehängt wird, da das Papier sich dann rollt oder wellt. Um dies zu verhindern, entfernen Sie das Papier von dem Stoff, bevor es völlig trocken ist, und pressen es zwischen Löschpapier. Tauschen Sie feuchtes Löschpapier immer wieder durch trockene Bögen aus. Pressen Sie das Papier anschließend eine Woche lang in einem schweren Buch.

PROJEKT 3
Runder Papierbogen, trockengebügelt

MATERIAL UND WERKZEUG
ein kleiner Stickrahmen (15 cm Durch-
messer), mit einem Stück Netzgardine
bespannt
eine Rührschüssel oder ein Plastikbehälter,
der groß genug ist, um den Rahmen beim
Eintauchen aufzunehmen
1 l vorbereiteter Papierbrei
Bügeleisen, Bügelbrett und zwei Taschen-
tücher zum Bügeln

Gießen Sie 500 ml Papierbrei in die Schüssel
und füllen Sie sie mit Wasser bis etwa
2,5 cm unter den Rand auf. Feuchten Sie das
Gitternetz im Rahmen an. Halten Sie den
Rahmen mit beiden Händen an den Seiten
und tauchen Sie ihn senkrecht in die Schüssel. Das Gitternetz ist dabei zu Ihnen gerich-
tet. Bringen Sie den Rahmen unter Wasser
langsam in die waagrechte Position. Heben
Sie ihn langsam heraus und schütteln Sie
ihn vorsichtig in alle Richtungen, wenn er
an die Oberfläche kommt. Heben Sie ihn
dann hoch und lassen Sie das Wasser 20 Sekunden lang ablaufen. Entfernen Sie das Gitternetz vorsichtig aus dem Rahmen, decken
Sie ein trockenes Taschentuch darüber und
bügeln Sie es wie in Projekt 1 trocken (siehe
S. 21). Ziehen Sie das Gitternetz von der
Rückseite des Papiers ab, wenn es knochentrocken ist.

PROJEKT 4
Runder Papierbogen, im Rahmen
luftgetrocknet

Gießen Sie den Rest des Papierbreis (Projekt
3) in die Schüssel. Mit demselben Stickrahmen schöpfen Sie einen nassen Bogen wie in
Projekt 3 und lassen das Wasser zehn Sekunden lang abtropfen. Anschließend stellen Sie
den Rahmen senkrecht auf und lassen das Papier an einem warmen Ort trocknen. Ziehen
Sie den Bogen vom Netz ab. Pressen Sie ihn
eine Woche lang in einem schweren Buch.

Links: Fertige Papiere aus den Projekten 3 und 4.
Ein Bogen befindet sich noch zum Trocknen auf dem
Rahmen.

Rechts: Ein runder Papierbogen wurde auf ein nasses
Taschentuch, das auf einer feuchten Unterlage aus-
gebreitet wurde, abgegautscht.

PROJEKT 5
Zwei Bögen Papier abgautschen

MATERIAL UND WERKZEUG
Wie in Projekt 3, zusätzlich
drei Taschentücher
ein Handtuch
zwei Tischdecken

Zuerst bilden Sie mit dem gefalteten Handtuch und zwei Tischtüchern einen kleinen
Stapel. Feuchten Sie alles gut an und achten
Sie darauf, daß alles schön glatt ist. Legen
Sie ein nasses Taschentuch darauf und glätten Sie es ebenfalls. Mit der in Projekt 3
erläuterten Methode schöpfen Sie mit dem
Stickrahmen einen Papierbogen und gautschen ihn mit einer glatten Rollbewegung
auf dem Taschentuch ab. Legen Sie das Taschentuch mit dem nassen Papier eine halbe
Stunde lang auf Zeitungspapier und hängen
Sie es dann zum Trocknen auf. Entfernen
Sie das Papier von dem Taschentuch, bevor
es völlig trocken ist und bügeln Sie es zwischen Löschpapier. Pressen Sie das Papier
eine Woche lang in einem schweren Buch.

> **Anmerkung:** *Sie können auch einen kleinen*
> *Bilderrahmen mit Netzgardine verwenden.*
> *Wenn Sie bereits einen Schöpfrahmen der*
> *Größe DIN A5 besitzen, können Sie 1 1/2 l Pa-*
> *pierbrei in die Spüle in der Küche gießen, mit*
> *Wasser auffüllen und zwei Bögen abgautschen.*

Kapitel 4
Papier pressen und trocknen

Verschiedene Preßmethoden

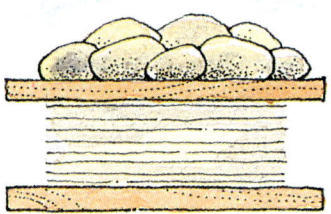

Einfache Preßmethode

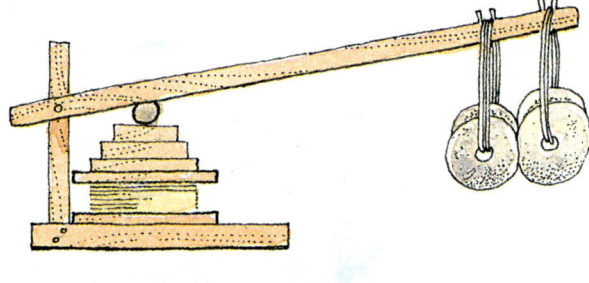

Alte Preßmethode

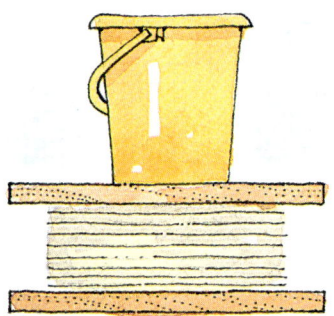

Einfache Preßmethode

Einfache Schraubpresse

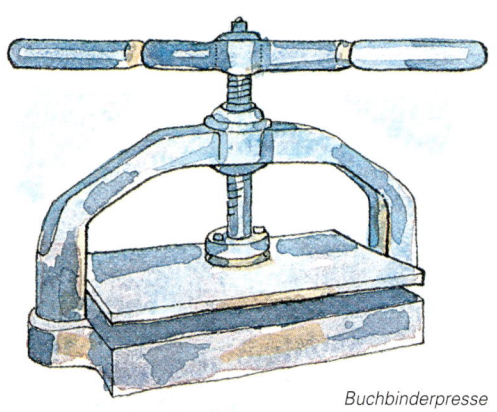

Buchbinderpresse

Vor und nach dem Trocknen muß das Papier gepreßt werden. Durch das Pressen eines Stapels nasser Blätter auf Filz werden die Fasern fest miteinander verbunden und möglichst viel überschüssiges Wasser entfernt, bevor die Filzstücke zum Trocknen voneinander getrennt werden. Der Trockenprozeß wird beschleunigt und es wird verhindert, daß das Papier sich rollt oder wellt.

Die frühen Preßmethoden des Fernen Ostens waren einfach. Zum Pressen legte man Bretter auf den Pauscht. Auf diese wurden schwere Steine gehäuft, oder man verwendete eine einfache Hebelpresse und hängte Gewichte an das Stangenende. Der Druck wurde langsam über mehrere Stunden hinweg erhöht. Die Papiermacher im Westen dagegen preßten die Filzstapel traditionell in hölzernen Schraubenpressen. Heute werden in westlichen Papiermühlen, die handgeschöpftes Papier herstellen, starke Hydraulikpressen verwendet, die einen Druck von 100 bis 150 Tonnen ausüben können.

Papier pressen

Bei der einfachsten Preßmethode wird ein Stapel Filztücher zwischen zwei Bretter gelegt, auf die man sich zehn Minuten lang stellt. Diese Methode ist um so effektiver, je schwerer man ist. Um weiter Druck auszuüben, werden für ein paar Stunden Steine oder andere schwere Gegenstände auf das Brett gelegt.

Eine einfache Presse kann man aus Hartholz oder lackierter Kiefer herstellen. Die Bretter müssen größer sein als die Filzstücke. Sie werden mit vier Holzstücken und Schrauben festgeklemmt.

Wenn Sie einen Stapel Papier und Filzstücke fertiggestellt haben, geben Sie ihn in die Presse und ziehen die Schrauben fest. Es dauert etwa eine halbe Stunde, bis der größte Teil des überschüssigen Wassers abgelaufen ist. Jetzt können Sie die Filzstücke zum Trocknen voneinander trennen.

Wenn Sie das Glück haben, eine Buchbinderpresse zu finden, haben Sie eine perfekte Presse für Papier. Schieben Sie einfach die Filzstücke, die sich zwischen zwei Brettern befinden, hinein, und schrauben Sie die Presse fest zu. Nach etwa 10 Minuten drehen Sie den Hebel weiter um, um den Druck zu erhöhen. Lassen Sie den Stapel etwa eine halbe Stunde lang in der Presse.

Die Filzstücke voneinander trennen

Nachdem Sie die Presse geöffnet haben, ziehen Sie das oberste Filzstück ab, so daß der erste nasse Papierbogen sichtbar wird. Jedes Filzstück mit Papierbogen muß von dem darunterliegenden getrennt und einzeln getrocknet werden. Wenn das darunterliegende Filzstück ebenfalls angehoben wird, drücken Sie das obere Stück wieder an und versuchen es mit einer anderen Ecke. Bei diesem Arbeitsschritt sollten Sie sich Zeit lassen.

Das Papier trocknen

Es ist ratsam, abgegautschtes Papier drinnen, vor Wind, Sonne oder Regen geschützt, zu trocknen. Wenn es zu schnell oder unregelmäßig trocknet, wellen sich die Kanten. Die Filzstücke können an einer Wäscheleine über der Badewanne getrocknet werden. Sie können die einzelnen Filzstücke auch flach auf Zeitungspapier legen, doch ist es besser,

Luft um die Filzstücke zirkulieren zu lassen. Bei warmem Wetter und in trockenen Gegenden sollte das Papier in etwa ein bis zwei Tagen trocken sein. Im Winter dauert es länger. Um den Trocknungsprozeß zu beschleunigen, legen Sie die nassen Bögen auf dem Filz einige Stunden lang flach auf Zeitungspapier, bevor Sie sie aufhängen. Wenn die Filzstücke sich trocken anfühlen, können die Papierbögen abgenommen werden.

Das Papier von den Filzstücken abheben

Um das trockene Papier von den Filzstücken abzuheben, schieben Sie zuerst ein scharfes Messer unter eine Ecke und bewegen die Klinge unter der Oberkante entlang, um das Papier zu lockern. Dann drehen Sie das Filzstück um, so daß das Papier auf einer sauberen, trockenen Oberfläche liegt. Ziehen Sie das Filzstück vorsichtig von dem Papier ab. Wenn die Filzstücke längere Zeit in Gebrauch sind, fällt dieser Prozeß leichter.

Wenn Sie die Papierbögen von den Filzstücken entfernt haben, pressen Sie sie eine Woche lang in einem schweren Buch. Sie können auch festen Karton zwischen die einzelnen Bögen legen und sie zwischen zwei Brettern, die mit Ziegelsteinen beschwert werden, pressen. Wenn Sie eine Schrauben- oder Hydraulikpresse besitzen, reichen 24 Stunden Druck aus. Da das Papier noch nicht geleimt wurde, können Sie zu diesem Zeitpunkt nur mit Kugelschreiber oder Bleistift darauf schreiben, nicht mit Tinte.

Abgegautschtes Papier auf Filzstücken.

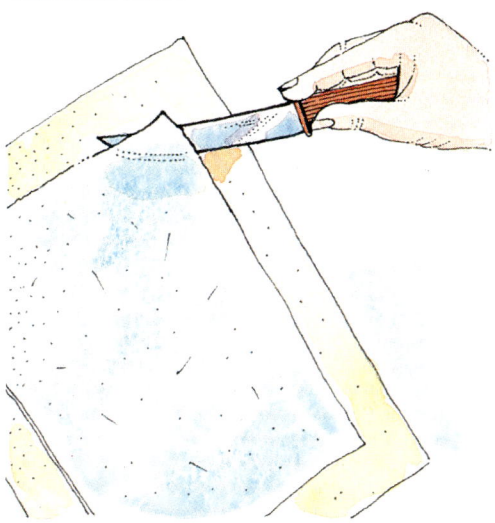

Das trockene Papier wird mit dem Messer abgehoben.

Wie man ein „Ziegelsteingewicht" herstellt

Sehr nützlich für Papiermacher und Buchbinder ist ein Gewichtsstein. Wählen Sie einen glatten Ziegelstein und packen Sie ihn in zwei Lagen Zeitungspapier ein. Kleben Sie es mit Klebefilm zu und wickeln Sie das Ganze in einen Bogen buntes Papier ein. Um trockene Papierbögen zu pressen, geben Sie sie zwischen zwei Bretter und legen den Stein oben drauf.

Wickeln Sie einen Ziegelstein fest in zwei Lagen Zeitungspapier ein.

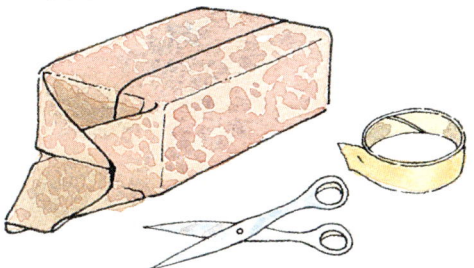

Wickeln Sie den umhüllten Ziegelstein in Schmuckpapier ein.

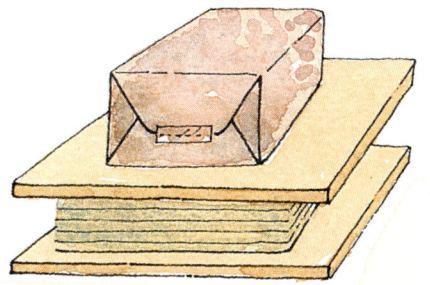

Pressen Sie trockenes Papier zwischen zwei Brettern unter dem Ziegelstein.

Links: Nasse Bögen auf Filzstücken, die zum Trocknen auf Zeitungspapier gelegt wurden.

Oben rechts: Ein Pauscht aus Filzstücken und Papierbögen, die aufeinander abgegautscht wurden.

PROJEKT 6
Einen Pauscht von zehn Papierbögen DIN A4-Bögen abgautschen

Bei diesem Projekt brauchen Sie einige Ausrüstungsgegenstände und müssen eine größere Menge Papierbrei herstellen als zuvor.

MATERIAL UND WERKZEUG
Grundausrüstung (siehe S. 16)
15 Filzstücke
ein Schöpfrahmen DIN A4
6 l weißer Papierbrei

Um den Papierbrei leicht zu tönen, kochen Sie eine Kanne Tee und fügen ihn dem Papierbrei zu. Rühren Sie gut um, und lassen Sie den Papierbrei eine Stunde lang stehen. Anschließend gießen Sie 3 l des Papierbreis in die Bütte und füllen mit Wasser auf. Mit einem Schöpfrahmen ohne Deckrahmen schöpfen Sie zehn Bögen Papier und gautschen diese auf nasse Filzstücke ab, bis Sie einen Pauscht haben (Anleitung zum Abgautschen siehe S. 28). Denken Sie daran, nach jeweils zwei bis drei Bögen 1 l Papierbrei in der Bütte nachzufüllen. Pressen und trocknen Sie wie oben beschrieben. Das fertige Papier wird eine Woche lang gepreßt.

Rosebank 7700

14 Febru

Dear Letta

you for the beautiful photograph
yourself— I will treasure it. It will
ook good in a brass frame—possibly
backed with home-made paper
ur own sheets are almost dry now
and will be put in the press for 24
hours to flatten them, and thereafter
will be stored under weights for a
week or two. I have sized them, so
you will be able to write on them

— Have fun and lots of love
Marianne

The
healing comes
when we
stop fighting
the condition

JOEL GOLDSMITH

Faye Collins
12 Denver Place,
2040 Honeydew

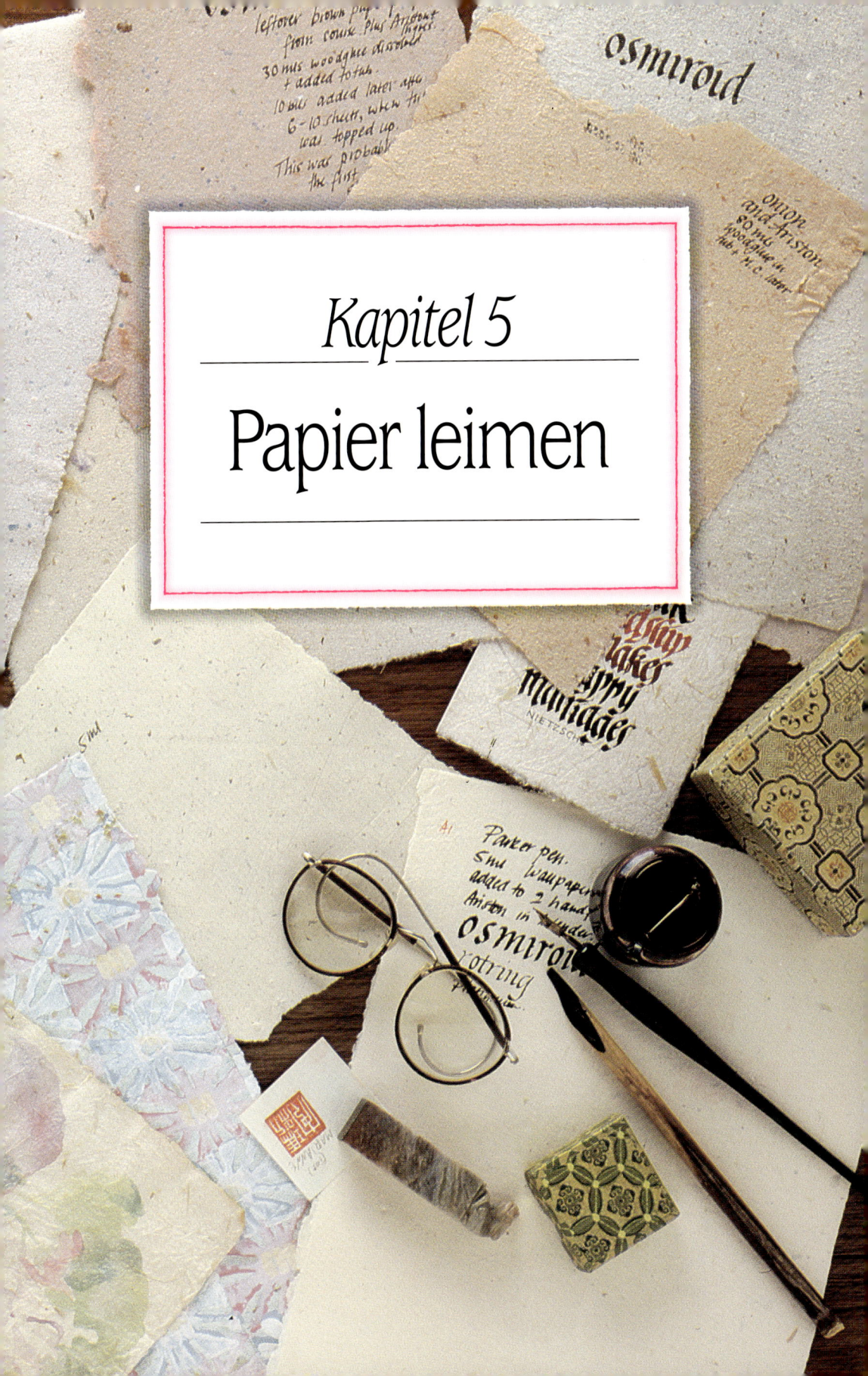

Kapitel 5

Papier leimen

Damit man mit Tinte auf Papier schreiben kann, muß das Papier geleimt werden, damit es weniger saugfähig wird. Durch das Leimen wird das Papier auch verstärkt. Ungeleimtes Papier eignet sich gut zum Bedrucken und für Linolschnitte. Man kann auch mit dem Kugelschreiber oder Bleistift darauf schreiben, aber keine Kalligraphie-tinten verwenden. Wenn das Papier nicht geleimt ist, blutet die Tinte aus. Die Papiere aus dem Fernen Osten sind traditionell nicht geleimt, weil ursprünglich Holzblöcke zum Drucken verwendet wurden und man nur eine Seite des Papiers bedruckte. Die west-lichen Druckmethoden machten jedoch ein gut geleimtes, opakes Papier erforderlich, das von beiden Seiten bedruckt werden konnte. Traditionell wurde Gelatineleim verwendet, bis dieser durch chemischen Leim ersetzt wurde.

Die hier beschriebenen Leimmethoden sind einfach, und die Zutaten sind in fast allen Supermärkten erhältlich. Das Papier wird entweder nach dem Trocknen geleimt, oder die Leimsubstanz wird direkt zu dem Papierbrei in der Bütte gegeben. Alle angegebenen Mengen für die zweite Methode beziehen sich auf einen Eimer vorbereiteten Papierbrei (etwa 8 l). Die Leimmenge muß den jeweiligen Bedürfnissen angepaßt werden. Es ist immer ratsam, alle Experimente in einem Notizbuch zu notieren, damit Sie erfolgreiche wiederholen und weniger erfolgreiche abändern können.

Gelatineleim ist, historisch betrachtet, aufgrund der ihm innewohnenden Stabilität und des neutralen pH-Werts eines der populärsten Leimmittel in der westlichen Welt. Lösen Sie 4,5 ml Gelatine in 250 ml kochendem Wasser auf und tragen Sie die Mischung mit einem breiten, weichen Pinsel auf trockenes Papier, das noch mit dem Filzstück verhaftet ist, auf. Nach dem Leimen hängen Sie das Papier wieder zum Trocknen auf. Zweimal mit weniger stark konzentrierter Gelatine zu leimen (etwa 3 ml auf 250 ml Wasser), ist bisweilen besser als einmaliges Leimen, da das Risiko der Streifen- oder Blasenbildung reduziert wird. Die oben angegebene Menge reicht für etwa zehn Bögen. Es ist unpraktisch, eine größere Menge herzustellen, da die Gelatine abkühlt und sich nach ein paar Bögen setzt. Der Nachteil bei dieser Methode ist, daß das Pa-

pier erst geleimt werden kann, wenn es getrocknet ist. Außerdem wird es auf einer Seite stärker geleimt als auf der anderen.

Verwenden Sie zum Leimen des Papiers mit einer Gelatinelösung einen weichen Pinsel.

Anmerkung: Papier darf weder zu sauer noch zu alkalisch sein. Durch zu viel Säure wird die Molekülstruktur der Zellulose im Papier aufgebrochen, so daß es seine Farbe verliert und schwach und brüchig wird. Basen- und Säuregehalt können mit pH-Indikatorpapier (Lackmuspapier) gemessen werden. Die Skala reicht von 14 (äußerst alkalisch) bis 1 (äußerst säurehaltig). Rotwein beispielsweise hat einen pH-Wert von etwa 3,5, während er bei Milch zwischen 6 und 7 liegt. Ein pH-Wert von 7 gilt als neutral. Die Einwirkungen der Atmosphäre machen jedoch jedes Papier mit der Zeit sauer, daher gilt ein pH-Wert von etwa 8 als sicherer. Leimmethoden, die die Säurehaltigkeit des Papiers steigern, beispielsweise Harz- und Alaunleimmethoden, sollten daher besser vermieden werden.

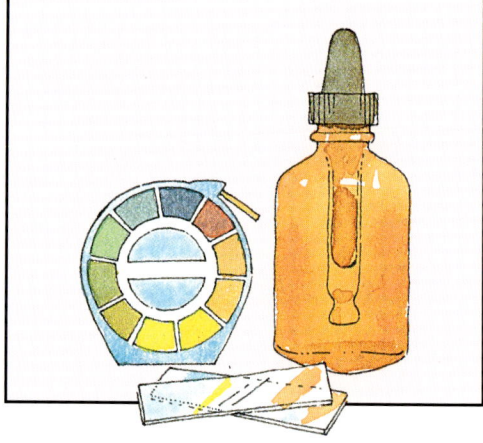

Sunlicht-Seife ergibt einen guten Leim. Raspeln Sie etwa 20–25 g Seife ab und lösen Sie diese in kochendem Wasser auf. Wenn die Lösung kalt wird, setzt die Seife sich als Gelee ab, das in kochendem Wasser weiter verdünnt wird. Fügen Sie diese Mischung dem Papierbrei zu und rühren Sie gut um. Gautschen Sie das Papier wie beschrieben ab oder lassen Sie es an der Luft trocknen. Es entsteht eine schöne Oberfläche zum Beschriften, doch ist für haltbares Papier der pH-Wert problematisch.

Stärke kann allein oder zusammen mit einer anderen Leimmethode (Gelatine beispielsweise) verwendet werden. Lösen Sie 20 ml Stärke in einem Liter kaltem Wasser auf, lassen Sie die Mischung durch Kochen eindicken, und geben Sie sie dann dem Papierbrei (etwa 8 l) zu. Wenn Sie den fertigen Papierbogen schütteln, werden Sie einen eindeutigen Rasselton vernehmen. Für Kalligraphietinten muß das Papier weiter geleimt werden (3,7 ml Gelatine auf 250 ml kochendes Wasser, mit einem weichen Aquarellpinsel aufgetragen). Das Papier mit einer größeren Stärkemenge in einem Arbeitsgang zu leimen, ist wenig erfolgreich, da der Papierbrei dicker wird und sich weniger gut handhaben läßt.

Holzleim (25 ml Leim in einem Topf kochendem Wasser aufgelöst) kann dem Papierbrei im Eimer beigefügt werden. Eine zweite Leimung mit Gelatine (3,7 ml in 250 ml kochendem Wasser aufgelöst) verbessert die Oberfläche für Kalligraphietinten. Holzleim ergibt ein Papier mit guter Schreiboberfläche, aber der pH-Wert ist nicht sehr gut.

Methylzellulose kann man in Geschäften für Chemiebedarf in Mengen von 500 g kaufen. Diese Leimmethode ist teuer und das Material nicht leicht erhältlich, doch sie führt zu hoher Stabilität und einem neutralen pH-Wert. Die Lösung muß mindestens 24 Stunden vor Gebrauch hergestellt werden, da das Pulver einige Zeit braucht, sich aufzulösen.
Lösen Sie 15 ml in einem Topf Wasser auf, bis sich ein dickes Gelee bildet und verdünnen Sie diese Mischung dann langsam, bis Sie 2 l Lösung haben. Methylzellulose kann lange aufbewahrt und mit einer kleinen Sprühflasche aufgesprüht werden.

Sprühen Sie zum Leimen eine Methylzelluloselösung auf das Papier.

PROJEKT 3
Getöntes Papier in zwei Arbeitsschritten leimen.

MATERIAL UND WERKZEUG
Grundausrüstung (siehe S. 16)
ein DIN A4-Schöpf- und Deckrahmen
6 l vorbereiteter Papierbrei
Haushaltsstärke
Gelatine
ein breiter, weicher Pinsel
zwei Bögen leuchtend farbiges Papier

Zerreißen Sie zwei Bögen farbiges Papier und lassen Sie die Schnitzel 15 Minuten lang in heißem Wasser aufweichen. Geben Sie dann jeweils eine kleine Handvoll in den Mixer und dann zu den 6 l Papierbrei.
Lösen Sie 15 ml Haushaltsstärke in ein wenig kaltem Wasser auf, rühren Sie kochendes Wasser ein, bis die Mischung eindickt und fügen Sie sie dem Papierbrei zu. Mischen Sie das Ganze gut und lassen Sie es eine Stunde lang stehen. Gießen Sie 2 1/2 l der Papierbrei-Stärke-Mischung in die Bütte, und gießen Sie mit Wasser auf. Mit Schöpf- und Deckrahmen schöpfen Sie zehn Bögen Papier und gautschen diese wie üblich ab. Pressen Sie den Pauscht und hängen Sie die Filzstücke zum Trocknen auf.
Lösen Sie 3,7 ml Gelatine in 250 ml kochendem Wasser auf (rühren Sie gut um). Tragen Sie sie mit einem breiten Pinsel auf. Lassen Sie die Papierbögen etwa 24 Stunden trocknen. Ziehen Sie die Bögen dann von den Filzstücken ab und pressen Sie sie ein bis zwei Wochen lang.

Kapitel 6
Färben und Strukturieren

Beim Färben von handgeschöpftem Papier können schöne Effekte erzielt werden. Die einfachste Methode besteht darin, farbiges Papier zu zerkleinern und es dem Papierbrei hinzuzufügen. Alternativ können zu dem Papierbrei natürliche und chemische Farbstoffe zugesetzt werden, so daß feingetönte Papiere entstehen. Durch das Hinzufügen von Blütenblättern, Blättern, Stoffresten oder Baumwollfäden erhält der handgemachte Bogen schöne Strukturen. In diesem Kapitel wird eine Reihe verschiedener Methoden zum Färben und Strukturieren vorgestellt.

Papier färben

Farbiges Papier, Kreppapier oder Seidenpapier wird zerrissen und ein paar Stunden lang eingeweicht. Geben Sie ein paar Schnitzel in den Mixer, wenn Sie den übrigen Papierbrei zerkleinern.

Natürliche Farbstoffe erhält man aus Tee oder Kaffee oder aus den Flüssigkeiten von gekochten Pflanzenfasern wie Zwiebelhäute, Berberitzen, Rinden, rote Beete, Liguster, Schlingpflanzen oder Weiße Gartenlilie und aus Gewürzpulvern wie Kurkuma oder Ingwer. Mixen Sie den Papierbrei mit der Flüssigkeit oder dem Gewürz, damit sich die Farbe gut verteilt.

Farbpulver, Tinten oder Lebensmittelfarben können dem Papierbrei im Mixer in kleinen Mengen zugefügt werden. Wenn Sie pro Mixerinhalt 2 ml hinzufügen, entsteht eine blasse Tönung, während 5 ml eine recht intensive Färbung erzeugen.

Einfache Farbstoffe, beispielsweise Dylon-Farbstoffe aus der Drogerie oder Batikfarben aus Läden für Hobby- und Künstlerbedarf lassen attraktive Farben entstehen, besonders, wenn man die Farbstoffe ein bis zwei Stunden in den Papierbrei einwirken läßt, bevor man das Papier herstellt.

Textilpigmente oder -färbemittel werden in großen Einheiten verkauft (die Mindestmenge sind meistens 1- oder 5-kg-Eimer). Fügen Sie sie dem Papierbrei zu, aber verwenden Sie nur kleinste Mengen. Abhängig von der gewünschten Tönung färben 2 ml Textilfarbpulver nur einen Bogen, während dieselbe Menge Textilpigmente einen ganzen Eimer Papierbrei färbt.

Natürliche Zutaten verleihen dem Papier Struktur und Farbe.

Papier strukturieren

❏ Kräuter, Tannennadeln, Federn, Baumwollstoff, Wolle und goldenes Nähgarn können in Stücke geschnitten dem Papierbrei zugesetzt werden, so daß zufällige Muster und Strukturen entstehen.

❏ Herbstlaub und Blütenköpfe können 30 Minuten lang gekocht, zum Teil zerhackt zugesetzt werden. Kleine Mengen wirken attraktiver als zu große, und das Papier läßt sich leichter beschriften.

❏ Weißes oder farbiges Papier, das nur zum Teil zerkleinert wurde, läßt ebenfalls eine reizvolle Struktur entstehen.

❏ Getrocknete, gepreßte Blumen und Kräuter oder Farne, Federn und zerstoßene Muscheln können auf einen nassen Bogen gelegt werden. Beim Pressen werden Formen eingeprägt, die auf dem trockenen Papier erhalten bleiben.(siehe auch Kapitel 9 Laminieren und Prägen).

❏ Pflanzenfasern können gemäß der Anleitungen in Kapitel 7 zubereitet und Papierbrei aus wiederverarbeitetem Papier zugesetzt werden.

PROJEKT 8
Strukturiertes Papier in einem Arbeitsgang leimen

MATERIAL UND WERKZEUG
Grundausrüstung (siehe S. 16)
6 l vorbereiteter Papierbrei
Sunlicht-Seife
eine Reibe
Farbpulver

Geben Sie 3 ml Farbpulver zu jeweils einer Mixerfüllung Papierbrei. Gießen Sie den Papierbrei in einen Eimer. Sammeln Sie zwei Handvoll Blumen oder getrocknetes Herbstlaub und kochen Sie dies 30 Minuten lang. Geben Sie das gekochte Pflanzenmaterial mit drei Tassen Wasser in den Mixer und zerkleinern Sie es fünf Sekunden lang.

Raspeln Sie 15–20 g Sunlicht-Seife und lösen Sie sie in einem Topf mit kochendem Wasser auf. Wenn die Masse abgekühlt ist, verdünnen Sie sie weiter mit kochendem Wasser und geben sie zu dem Papierbrei. Rühren Sie gut um , und lassen Sie das Ganze 30 Minuten lang stehen.

Mit Schöpf- und Deckrahmen schöpfen Sie 15–20 Bögen und gautschen wie üblich ab. Füllen Sie die Bütte jeweils nach zwei Bögen mit Papierbrei auf. Pressen Sie den Pauscht und hängen Sie die Filzstücke zum Trocknen auf. Pressen Sie die fertigen Bögen mindestens eine Woche lang, bevor Sie sie verwenden.

Materialien und fertige Papiere aus Projekt 8.

Kapitel 7
Papier aus Pflanzenfasern

Papier aus Pflanzenfasern hat eine strukturelle Qualität, die schön anzusehen und anzufühlen ist. Der Geruch mancher Pflanzen bleibt im Papier lange nach der Herstellung erhalten und erinnert an Gärten und Wiesen im Hochsommer. Feines Pflanzenpapier ähnelt durch seine Lichtdurchlässigkeit und Stärke an Japanpapier und fühlt sich ganz anders an als Recyclingpapier. Schon die Zugabe von Pflanzenfasern zu wiederverarbeitetem Papier steigert seine Attraktivität und Haltbarkeit. Jede Pflanzenart reagiert je nach Ernte- und Jahreszeit, Wachstumsbedingungen und Verarbeitungsmethode anders. Eine sensible Handhabung der Pflanzenfasern ist für die Herstellung von Qualitätspapier wichtig. Wenn Sie sich mit den unterschiedlichen Pflanzen besser auskennen, werden Sie die feine Handwerkskunst der japanischen Papiermacher schätzen lernen, die zarte, seidenpapierartige, aber starke und haltbare Papiere herstellen.

Fast jeder Pflanzenteil kann zur Papierherstellung verwendet werden, aber mit langen Fasern hat man den meisten Erfolg. Beispiele für solche Pflanzen sind Porree, Staudensellerie, Spinat, Gladiolen, Iris, Taglilien, Bananenpflanzen (Stengel und Blätter), Papyrus, Mais, Flammenblume und das Fensterblatt.

Ein Pionier beim Experimentieren mit Pflanzenpapieren

Als vor etwa 200 Jahren Forscher für die Massenproduktion von Papier nach einer wirtschaftlichen Alternative für Leinen und Baumwollfasern suchten, experimentierte der deutsche Naturforscher Jacob Christian Schaffer mit einer Reihe von Pflanzenfasern. Seine sechsbändige Abhandlung enthält unter anderem Papierbeispiele aus Kartoffeln, Weinreben, Baummoos, Kohlstielen, Hanf, Stroh, Schilf, Wespennestern, Disteln und Eichenblättern. Die Pflanzen wurden zuerst von Hand oder mit Hilfe einer selbstgemachten, von Hand bedienten Stampfmaschine zerkleinert. Zähe Fasern wurden zuerst in einer scharfen Kalkpaste eingeweicht, um die Bearbeitungszeit zu reduzieren.

Um einige der in Pflanzen enthaltenen Substanzen, die für die Papierherstellung schädlich sind, zu entfernen, muß das Pflanzenmaterial durch Zersetzung in Wasser aufgespalten werden. Für die Projekte in diesem Buch wird dafür eine der folgenden Methoden verwendet:

1. Kochen Sie das Pflanzenmaterial eine Stunde oder länger in Wasser.
2. Lassen Sie es ein paar Wochen verrotten oder fermentieren und kochen Sie es dann in Wasser.
3. Kochen Sie es in einer alkalischen Lösung.
4. Weichen Sie es vor dem Kochen in einer alkalischen Lösung ein.

Pflanzenmaterial vorbereiten

Sammeln Sie einen Eimer voll Pflanzenmaterial und schneiden Sie es mit einer Gartenschere oder in einem Häcksler in 2–4 cm lange Stücke. Notieren Sie sich das Trockengewicht, damit erfolgreiche Experimente wiederholt werden können. Hartes Material kann zuerst mit einem Holzhammer weichgeklopft werden.

Das Trockengewicht von zerkleinertem Pflanzenmaterial wird festgestellt.

Pflanzen in Wasser kochen

Einige bekannte Gemüse- und Blumensorten oder bestimmte Teile von ihnen, beispielsweise Staudensellerie, Porree, Rhabarber, Karottengrün, Spinatstiele, Blumenkohlblätter oder die inneren Stengel der Weißen Gartenlilie werden ein bis drei Stunden lang gekocht: je härter die Pflanze, desto länger die Kochzeit.

Nach dem Kochen kneten Sie den Beutelinhalt, um das weiche Pflanzenmaterial zu lockern und spülen ihn so lange aus, bis nur noch klares Wasser herausläuft. Dann zerkleinern Sie jeweils eine kleine Handvoll Pflanzenfasern im Mixer – einige Pflanzen müssen bis zu einer Minute lang zerkleinert werden.

Aufspalten der Pflanzenfasern durch Einweichen oder Verrotten

Im allgemeinen wird der Zerfallsprozeß beschleunigt und die anschließende Koch- und Bearbeitungszeit reduziert, wenn man härtere Pflanzen vorher mindestens 24 Stunden lang einweicht. Bananenstiele, Flußschilf oder Bambus beispielsweise müssen sogar mehrere Wochen oder Monate eingeweicht werden. Sie geben die zerschnittenen Pflanzen in einen Eimer, bedecken sie mit Wasser und schließen den Eimer mit Folie und möglichst noch mit einem Deckel, um zu verhindern, daß Insekten im Eimer brüten. Lassen Sie den Eimer an einem warmen Ort.

Material wie Grasabfälle kann einfach in einer Plastiktüte oder in einem Eimer abgespritzt und dann ein paar Monate lang stehengelassen werden. Machen Sie es hin und wieder naß, um den Zerfallsprozeß zu beschleunigen. Wenn es nur noch etwa ein Fünftel seines ursprünglichen Volumens besitzt und schleimig und gut verrottet ist, kann es abgespült und gekocht werden. Kochen Sie verrottete Pflanzen draußen (Kochplatte mit Verlängerungsschnur), da der Geruch recht unangenehm sein kann.

Pflanzen in einer alkalischen Lösung kochen

Japanische Papiermacher haben Pflanzenfasern traditionell in einer Pottaschelösung gekocht. Diese stellten sie her, indem sie Wasser durch die Asche von Schilf, Hartholz, Reis, Stroh oder Buchweizenhülsen laufen ließen. Zeitgenössische japanische Papiermacher verwenden Sodaasche und gelegentlich Kalk oder Ätznatron, um Pflanzenfasern zu kochen. Alkalische Stoffe, besonders Ätznatron, müssen mit großer Vorsicht gehandhabt werden.

Sodaasche (Natriumkarbonat)

Kochen mit Sodaasche ist die von japanischen Papiermachern bevorzugte Methode. Mit Sodaasche kann man leicht und relativ sicher arbeiten. Man muß keine Handschuhe tragen und sich nicht wie bei Ätznatron beunruhigen, wenn man etwas verschüttet. Außerdem ist Sodaasche preiswerter, muß aber möglicherweise über die Apotheke bestellt werden. Kochen Sie Pflanzen in Sodaasche im Verhältnis von 20 Prozent Asche zum Trockengewicht des Pflanzenmaterials. Eine Probe von 200 g wird also mit 40 g Sodaasche (etwa 50 ml) in 3 l Wasser gekocht. Kochen Sie das Ganze vier bis fünf Stunden lang. Rühren Sie das Material alle halbe Stunde um und wenden Sie es. Wenn es fertig ist, sollten sich die Fasern leicht trennen lassen. Bei Experimenten mit zäheren Pflanzen sollten Sie die Kochzeit und die Menge der Sodaasche erhöhen.

Lassen Sie den Topf abkühlen, bevor Sie mit dem Spülvorgang beginnen. Lassen Sie das Wasser durch einen Netzbeutel, den Sie wiederholt in einen Eimer mit frischem Wasser tauchen, ablaufen, bis das Wasser klar ist. Kneten Sie den Beutel immer wieder, um das Pflanzenmaterial zu lockern.

Vor dem Zerkleinern im Mixer können Sie die Fasern von Hand fünf Minuten lang schlagen (im Eimer mit Axtstiel), um die Bearbeitungszeit im Mixer, die die Fasern schwächt, zu verringern. Im Fall einiger Pflanzen (z. B. Papyrus) mag das Schlagen von Hand, was stärkeres Papier ergibt, ausreichen. Ich lasse das Wasser ablaufen und schlage das Pflanzenmaterial 10–20 Minuten lang mit dem flachen Ende eines schweren Holzstücks.

Gekochte Papyrusfasern werden von Hand auf einem Brett geschlagen.

Ätznatron oder Lauge (Natriumhydroxid)

Ätznatron muß sehr vorsichtig gehandhabt werden, da es sehr giftig ist und die meisten Metalle angreift. Es ist ratsam, einen nicht-rostenden Topf aus Stahl zu verwenden und die Pflanzen auf einer Herdplatte irgendwo abseits zu kochen. Kochen Sie die Pflanzen nicht in einem Aluminiumtopf oder in einem Schnellkochtopf. Aluminium reagiert mit alkalischen Stoffen; wenn es mit Ätz-natron in Berührung kommt, werden giftige Dämpfe freigesetzt, und das Metall korrodiert fast auf der Stelle. Ätznatron im Schnellkochtopf kann zu Explosionen führen.

Wenn Sie Ätznatron mit Wasser mischen, bringen Sie das Wasser fast zum Kochen und fügen dann das Ätznatron hinzu. Vorsicht: da das Ätznatron das Wasser erhitzt, kann es heftig aufwallen und spritzen. Rühren Sie die Lösung gut um, und geben Sie erst dann

Eine Kollektion von Papieren aus Papyrus.

Das Pflanzenmaterial wird draußen auf einer Herdplatte gekocht.

die Pflanzenfasern hinein. Bringen Sie das Ganze zum Kochen und reduzieren Sie dann die Hitze, so daß es leise köchelt. Rühren Sie alle halbe Stunde um und wenden Sie das Pflanzenmaterial, aber achten Sie darauf, daß Sie nicht die Dämpfe einatmen. Tragen Sie zum Schutz Ihrer Hände Gummihandschuhe. Nach Beendigung der Arbeit sollte die Flüssigkeit unbedingt zu einer Sondermüll-Sammelstelle gebracht werden.

Die von Papiermachern verwendeten Mengen Ätznatron sind stark unterschiedlich. Wenn man 200 g trockenes Pflanzenmaterial auf 3 l Wasser verwendet, variiert die Menge zwischen 20 und 40 g. Das Ganze wird, abhängig von der Zähigkeit des Materials, eine bis sechs Stunden lang gekocht. Beginnen Sie mit 20 g (etwa 25 ml), kochen Sie die Pflanzen zwei Stunden lang und überprüfen Sie, ob die Fasern fertig sind. Wenn das Pflanzenmaterial noch grün aussieht und noch ziemlich intakt ist, wiederholen Sie den Prozeß – wenn nötig mehrmals.

Nach dem Kochen sollte der Topfinhalt dem grünen Schleim auf einem stehenden Gewässer ähneln. Lassen Sie das Material abkühlen und spülen Sie es unter klarem Wasser gut ab, bis dieses annähernd klar ist.

Pflanzen in einer alkalischen Lösung einweichen

Das Einweichen in einer alkalischen Lösung kann längere Kochzeiten reduzieren und bisweilen das Kochen sogar ganz überflüssig machen. Die Chinesen weichten Bambus in einer alkalischen Lösung ein, um die Fasern für das Stampfen vorzubereiten.

Geben Sie die zerschnittenen Pflanzen in einen Eimer und bedecken Sie sie mit Wasser. Mischen Sie Ätznatron (30 g pro Liter

Wasser) mit ein wenig kaltem Wasser und geben Sie dies unter Rühren zu dem Pflanzenmaterial im Eimer. Verschließen Sie den Eimer fest, lassen Sie ihn drei bis sechs Wochen lang an einem warmen Ort stehen und rühren Sie den Inhalt täglich um. Spülen Sie die Fasern gut ab, und kochen Sie sie zwei bis vier Stunden lang in Wasser.

Eine sichere Methode ist das Vorweichen des Pflanzenmaterials in einer Lösung von 30–50 g Kalk (Kalziumhydroxid) auf einen Liter Wasser für die Dauer eines Monats.

Pflanzenbrei bleichen

Papierbrei aus Pflanzen, die in Ätznatron oder Sodaasche gekocht wurden, muß meistens nicht weiter gebleicht werden. Zu starkes Bleichen kann die Fasern schädigen und den pH-Wert des Papiers ändern und sollte aus diesem Grund besser vermieden werden. Frische Pflanzen behalten jedoch nach dem Kochen ihre grüne Farbe, so daß Sie den Brei wahrscheinlich weiß bleichen wollen. Geben Sie eine Tasse Haushaltsbleiche auf einen Eimer zerkleinerten Pflanzenbrei und lassen Sie ihn ein bis zwei Stunden lang stehen, wobei Sie gelegentlich umrühren. Spülen Sie dann den Brei gut ab.

Anmerkung: Große Papiermühlen, in denen handgeschöpftes Papier hergestellt wird, und professionelle Papiermacher verwenden große, teure Holländer, um Baumwollpulpe aufzuspalten. Ein Holländer ähnelt einer großen Wanne, die auf einer Seite ein sich drehendes Mühlrad enthält, das den Baumwollbrei zerdrückt, zerreißt und gegen eine metallene Bettplatte quetscht, während es sich in der „Wanne" dreht. Diese Methode ist für den Hobby-Papiermacher nicht praktikabel, und das Zerkleinern von Baumwolle mit einfachen Küchengeräten ist zeitaufwendig und schwierig. Eine Alternative ist eine Art motorgetriebene Stampfmühle, die geschichtlich gesehen in Europa eine der ersten erfolgreichen Methoden zum Aufspalten der Baumwolle war. Heute werden derartige Stampfer noch im Fernen Osten verwendet, um die Fasern für die Herstellung von Japanpapier aufzuspalten.

Die Küchenmaschine ist als Stampfer nicht geeignet, da die Fasern darin kurzgeschnitten statt zerrissen oder zerquetscht zu werden, um die Zellulose freizugeben.

Die Verwendung eines Deckkastens

Ein Deckkasten ist nützlich, um einzelne Testbögen herzustellen, ohne große Mengen Papierbrei vorbereiten zu müssen. Der Deckkasten ähnelt dem Deckrahmen, aber seine Seiten sind mindestens 10 cm hoch. Wenn Sie den Deckkasten verwenden, lassen Sie zuerst den Schöpfrahmen in einer Wanne mit klarem Wasser schwimmen und setzen den Deckkasten exakt auf den Schöpfrahmen, so daß die Seiten genau anliegen. Nehmen Sie Schöpfrahmen und Deckkasten mit beiden Händen und drücken Sie ihn schnell unter Wasser, um die Luftblasen zu entfernen. Zerkleinern Sie zwei Mixerfüllungen Pflanzenfasern, gießen Sie den Brei in das Wasser, das im Deckkasten etwa 2,5 cm hoch steht, und rühren Sie um. Wenn der Brei gleichmäßig verteilt ist, heben Sie Schöpfrahmen und Deckkasten aus dem Wasser und lassen ihn abtropfen. Dann kann der Bogen auf nassen Filz oder auf ein Brett abgegautscht werden.

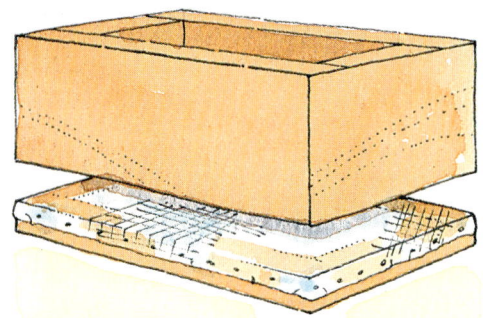

Der Deckkasten paßt genau auf den Schöpfrahmen.

Der Papierbrei wird in das Wasser im Innern des schwimmenden Deckkastens gegossen.

Anmerkung: *Traditionell wurde Papier im Westen aus gebrauchtem Leinen oder aus Baumwollumpen hergestellt, bis es durch Holz, das in größeren Mengen vorhanden und billiger war, ersetzt wurde. Baumwolle hat etwa 2,5 mm lange Fasern, einen hohen Zellulosegehalt (etwa 90 Prozent) und ergibt sehr gutes Papier. Zusammen mit anderen Pflanzen wie Manilahanf, Sisal und Flachs ist Baumwolle heute kommerziell in Übersee in Form von trockenen, gepreßten Papierbreitafeln erhältlich.*

Sie können auch selbst Papier aus alten Baumwoll- oder Leinenstoffen herstellen. Kochen Sie zerrissene Lumpen 6–8 Stunden lang in 2 l Wasser und 60 g Ätznatron. Spülen Sie den Stoff gut ab und zerkleinern Sie kleine Mengen in dreimal 20 Sekunden mit mindestens drei Tassen Wasser im Mixer. Selbst eine geringe Menge Baumwolle verbessert die Qualität jeden Papiers, macht es stärker und beständiger. Wenn Ihnen die Baumwollverarbeitung zu langwierig erscheint, können Sie Papierbrei aus Fotokarton, Aquarellpapier, Kaffeefilter- oder Löschpapier zu den Pflanzenfasern geben. Das erneute Zerkleinern verkürzt jedoch die darin enthaltenen Baumwollfasern.

Auf ein Brett abgautschen

Als alternative Methode für das Abgautschen auf Filz kann man das Papier direkt auf ein Holzbrett abgautschen. Mit dieser Methode erhalten Sie innerhalb weniger Stunden einen trockenen, ebenen Bogen. Wenn der Schöpfrahmen gut abgetropft ist, drehen Sie ihn um, legen ihn auf ein glattes Holzbrett und wischen das überschüssige Wasser von der Unterseite des Gitternetzes (die Seite, die jetzt oben liegt) ab, bis das Papier sich kaum noch feucht anfühlt. Jetzt heben Sie den Rahmen ab, und übrig bleibt das Papier, das sauber an der Holzoberfläche haftet. Brett und Papier können jetzt trocknen. Bei einigen Pflanzen wie Papyrus oder Iris kann man diese Bögen an der Sonne trocknen lassen, aber stark schrumpfendes Pflanzenmaterial wie Porree oder Spinat kräuselt sich bei starker Hitze auf dem Brett. Sicherheitshalber sollten Sie das Papier drinnen trocknen lassen.

Rechts: Pflanzenpapiere von oben nach unten: Spinat, Ananasgrün, verrottetes Gras, Sisal, Bambus und gefärbte Blütenblätter, ungeschlagener Papyrus, Flußschilf und Bananenblätter.

Von links nach rechts: Porree, Iris, Staudensellerie, Mais, Papyrus, Bananenblatt, Flußschilf und Taglilie.

Geeignete Pflanzen für's Papiermachen

Bei einigen Pflanzen muß zeitaufwendig die Rinde abgeschält werden, andere müssen lange mit bestimmten Geräten geschlagen werden, so daß sie für die Projekte in diesem Buch nicht geeignet sind. Unten ist eine große Auswahl an Pflanzen aufgeführt, deren Fasern für die Papierherstellung gut geeignet sind. Sie können in Sodaasche oder Ätznatron verarbeitet, von Hand geschlagen oder in der Küchenmaschine zerkleinert werden. In einigen Fällen müssen die harten äußeren Teile der Stengel oder Blätter vorher entfernt werden.

Allgemeiner Name	Botanischer Name	Außenhaut abschälen	Mixer	Hand
Bambus	*Phyllostachys aurea*		✓	
Banane	*Musa nana*		✓	
Blumenrohr	*Canna indica*	✓	✓	
Gemeines Schilf	*Phragmites communis*		✓	
Breitblättriger Rohrkolben	*Typha latifolia*		✓	
Iris	*Iris*	✓	✓	
Hiobsträne	*Coix lacryma-jobi*			✓
Maisstengel und -hülsen	*Zea mays*		✓	
Bogenhanf	*Sansevieria trifasciata*	✓	✓	
Neuseeland-Flachs	*Phormium tenax*	✓	✓	
Pampasgras	*Cortaderia selloana*		✓	
Papyrus	*Cyperus papyrus*		✓	✓
Ananas	*Ananas comosus*	✓	✓	
Sisal	*Agave sisalana*	✓	✓	
Paradiesvogelblume	*Strelitzia nicolai*		✓	
Zuckerrohr	*Saccharum officinarum*		✓	
Fensterblatt	*Monstera deliciosa*		✓	
Weizenstroh	*Triticum aestivum*		✓	
Yucca	*Yucca filamentosa*	✓	✓	

PROJEKT 9
Zehn Papierbögen aus Zwiebelhaut

MATERIAL UND WERKZEUG
5 l vorbereiteter, weißer Papierbrei
vier bis sechs Handvoll Zwiebelhäute
Stärke

Weichen Sie die Zwiebelhäute eine Stunde lang ein und kochen Sie sie drei Stunden lang. Dann lassen Sie sie abkühlen und zerkleinern sie im Kochwasser. Geben Sie den Zwiebelbrei zu dem vorbereiteten Papierbrei im Eimer. Rühren Sie 12 ml Haushaltsstärke in den Brei. Lassen Sie das Ganze eine Stunde lang stehen, und rühren Sie gelegentlich um. Gießen Sie 2 l Papierbrei in die Bütte – dann schöpfen, auf Filz abgautschen und trocknen.

PROJEKT 10
Maispapier

MATERIAL UND WERKZEUG
250 g Maishülsen
4,5 l Wasser
gußeisener, emaillierter oder rostfreier
*   Stahltopf (Mindestinhalt 6 l)*
50 g Sodaasche (etwa 63 ml)

Hacken Sie die Maishülsen in 2 cm lange Stücke und weichen Sie sie eine Woche lang ein. Spülen Sie die Maishülsen gut ab und kochen Sie sie dann fünf Stunden lang leicht in Sodaasche und Wasser, wobei Sie gelegentlich umrühren. Lassen Sie den Topf stehen, bis die Pulpe abgekühlt ist und spülen Sie den Inhalt gründlich. Befolgen Sie dann die üblichen Methoden.

Papiere aus Mais und Zwiebelhaut.

Kapitel 8

Arbeiten aus handgemachtem Papier

Wenn Sie verschiedene handgemachte Papiere gesammelt haben, möchten Sie sie wahrscheinlich zu kreativen Geschenken verarbeiten. Einen auf handgeschöpftes Papier geschriebener Brief in einem passenden Umschlag wird der Empfänger jahrelang aufbewahren, und eine Packung Briefpapier mit passenden Briefumschlägen ergibt ein schönes Geschenk. Wenn Sie handgemachtes Papier falten, können Sie originelle Karten für besondere Gelegenheiten wie Taufen, Hochzeiten oder den Valentinstag herstellen. Außerdem lassen sich interessante Tüten, Schachteln und andere Geschenkbehälter aus strukturiertem, handgemachtem Papier

herstellen. Der Charme dieser Behälter liegt darin, daß sie alle grundverschieden sind.

Für die meisten Arbeiten in den folgenden beiden Kapiteln brauchen Sie folgende Grundausrüstung:

Falzbein
Papiermesser
Metallineal
dicke Pappe als Schneidunterlage
Geodreieck
Bleistift
Kleber
Schere
doppelseitiges Klebeband (Bürobedarf)

Briefpapier und -karten mit passenden Briefumschlägen.

Briefpapier und Briefumschläge

Briefumschläge werden genauso hergestellt wie Papierbögen. Sie verwenden einen Schöpf- und Deckrahmen und gautschen, wie in Kapitel 3 erklärt, ab. Ein Teil des Gitternetzes wird jedoch mit einer Schablone abgedeckt (siehe Anleitung). Sie können auch einen vorhandenen, entfalteten Briefumschlag verwenden.

MATERIAL UND WERKZEUG
fester Karton, 34 x 25 cm
Holzleim oder Lack zum Versiegeln
Malpinsel

Zeichnen Sie die Form des Briefumschlags auf festen Karton auf und schneiden Sie mit einem Papiermesser an den Bleistiftlinien entlang. Entfernen Sie den Innenteil, so daß ein mehrere Millimeter breiter Rand stehenbleibt, der die Schablone für den Briefumschlag bildet. Versiegeln Sie die Schablone mit zwei Schichten Holzleim oder Lack, damit sie nach mehrmaligem Eintauchen ins Wasser nicht zerfällt.

Zur Herstellung des Briefumschlags klemmen Sie die Schablone fest zwischen Schöpf- und Deckrahmen und heben den Papierbrei wie üblich auf den Schöpfrahmen. Nachdem das Wasser etwa 30 Sekunden lang abgelaufen ist, heben Sie den Deckrahmen ein wenig hoch, damit auch das Wasser, das sich auf der Schablone befindet, ablaufen kann. Wackeln Sie vorsichtig mit einer Hand an der Schablone, damit keine Fasern mehr auf den Kanten liegen, und heben Sie die Schablone ab. Achten Sie darauf, daß kein Wasser auf den Schöpfrahmen tropft und das Papier verdirbt. Gautschen Sie den Briefumschlag ab; pressen, trocknen und leimen Sie ihn. Dann falten Sie einfach die Klappen unten und an den Seiten um und kleben sie fest.

Anmerkung: *Versuchen Sie nicht, auf einen Sitz durch dicken Karton zu schneiden. Zwei bis drei Schnitte mit dem Messer, das Sie in einem Winkel von 30 Grad halten, ergeben eine saubere Schnittlinie.*

Richten Sie sich beim Falten nach einem Originalumschlag oder der Zeichnung. Die Schablone kann auch aus fester Kunststoffolie hergestellt werden. Plastik hat den Vorteil, daß es wasserfest ist.

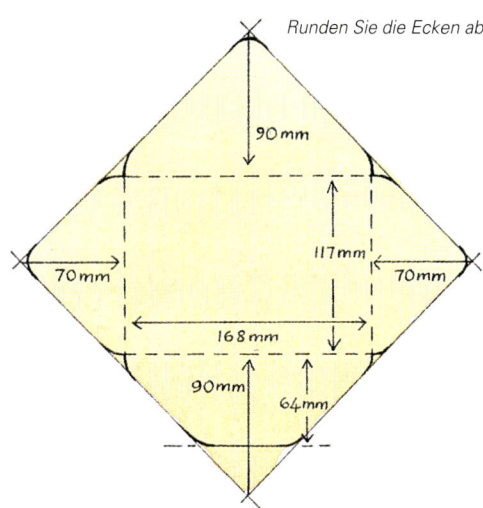

Runden Sie die Ecken ab.

90mm

117mm

70mm 70mm

168mm

90mm 64mm

Zeichnen Sie die Grundform des Umschlags auf.

Schneiden Sie die Form aus Karton aus, so daß eine Schablone entsteht.

VARNISH

Versiegeln Sie die Schablone mit Holzleim oder Lack.

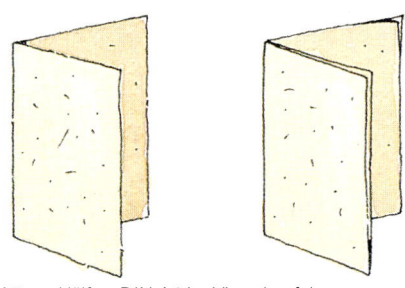

DIN A5 zur Hälfte, DIN A4 im Viertel gefaltet.

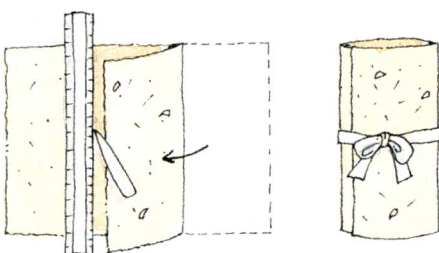

Falten Sie Papier im Drittel und binden Sie eine Schleife herum.

Karten

Es gibt drei Grundmethoden, Karten aus Papier herzustellen, die in einen normalgroßen Briefumschlag passen.

1. Trockenes Papier auf die gewünschte Größe falten.
2. Trockenes Papier auf die gewünschte Größe reißen.
3. Beim Schöpfen oder Abgautschen dickeres Papier/Karton arbeiten.

Falten. Ein DIN A5-Bogen kann halb gefaltet werden.

Ein DIN A4-Bogen kann in Viertel gefaltet werden. Wenn es zweifach gefaltet ist, ist selbst dünnes Papier stark genug, um aufrecht stehenzubleiben. Nach dem Falten markieren Sie die Vorder- und Innenseiten leicht mit dem Bleistift und öffnen den gefalteten Bogen. (Denken Sie daran, daß Beschriftung und Verzierung in verschiedene Richtungen gehen – während Sie an dem einen arbeiten, steht der andere auf dem Kopf und befindet sich schräg gegenüber.) Papier kann auch der Breite nach in drei Teile gefaltet werden.

> *Anmerkung:* Messen Sie immer über die Gesamtbreite des Papiers einschließlich vorhandener unregelmäßiger Ränder, sonst werden diese zerdrückt.

Reißen. Ein DIN A4-Bogen kann auch in zwei DIN A5-Bögen gerissen werden oder in DIN A6-Teile, die für Einladungen geeignet sind. Denken Sie jedoch daran, daß das Papier dicker sein muß als bei den bisher vorgestellten Projekten. Ein Nachteil beim Reißen besteht darin, daß der einzigartige Charakter des weichen Büttenrandes verlorengeht.

> *Anmerkung:* Sichtbare Kanten sollten Sie bei handgeschöpftem Papier nie schneiden, da dies die Wirkung zerstören würde. Zum Reißen halten Sie als erstes ein Lineal fest an die Faltlinie und ritzen das Papier mit dem Falzbein oder einem glatten, stumpfen Messer an. Falten Sie das Papier entlang der geritzten Falte und glätten Sie sie mit dem Falzbein oder der Rückseite eines Löffels. Falten Sie das Papier in die andere Richtung und glätten Sie es erneut. Je dicker das Papier ist, desto öfter muß es vor dem Reißen gefaltet werden. Öffnen Sie das Papier und halten Sie mit einer Hand das Lineal fest an die Falte. Fassen Sie die gegenüberliegende obere Ecke mit der anderen Hand und reißen Sie langsam nach unten. Die Reißkante sollte einem Büttenrand ähneln.
>
> Eine weitere Reißmethode kann bei dünnem Papier wie Japanpapier oder leichtem handgeschöpftem Papier angewandt werden. Markieren Sie einfach die Linie, die Sie reißen wollen, mit einem dünnen Bleistift und fahren Sie leicht mit einem nassen Malpinsel darüber. Wenn das Wasser bis zur Rückseite in das Papier eingedrungen ist, reißen Sie entlang der Linie. Auf diese Weise erhalten Sie eine weiche Kante. Mit dieser Methode können Sie auch Kurvenformen reißen.

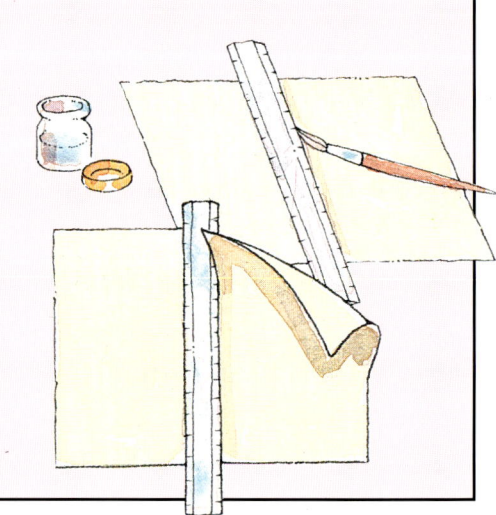

Die Herstellung dickeren Papiers oder Kartons beim Abgautschen. Durch die Erhöhung der Papierbreimenge in der Bütte können Sie automatisch dickere Bögen arbeiten. Alternativ können Sie zwei oder drei Bögen nasses Papier aufeinander abgautschen (siehe Kapitel 9). Jeder Bogen nasses Papier verbindet sich mit dem darunterliegenden Bogen. Sie müssen nur den Schöpfrahmen ganz genau auf den zuerst abgegautschten Bogen plazieren.

Aufziehkarton für Fotos

Handgeschöpfte Papierkarten bilden einen attraktiven Hintergrund für Fotos. Das handgeschöpfte Papier muß relativ fest sein, damit es als Karte hingestellt werden kann. Dazu kann man entweder beim Schöpfen dickeren Papierbrei verwenden oder zwei bis drei Bögen aufeinander laminieren. Wenn die Bögen trocken sind, falten Sie den DIN A4- oder DIN A5-Bogen zur Hälfte um, wobei Sie das Falzbein zum Ritzen der Falte verwenden, und markieren Sie die Ecken des Fotos mit einer dünnen Bleistiftlinie. Mar-

Markieren Sie die Position des Fotos mit dem Bleistift und schneiden Sie diagonale Schlitze.

kieren Sie dann auf jeder Linie einen Punkt 10 mm von der Ecke entfernt und verbinden Sie die beiden Punkte an jeder Ecke mit einer diagonalen Linie. Schneiden Sie vorsichtig mit dem Messer an diesen Linien entlang und befestigen Sie das Foto, indem Sie die Ecken in die Schlitze schieben.

Dicke Papierkarten ergeben einen schönen Hintergrund für Fotos.

Kunstkarten

Kreative und farbenfrohe Karten kann man im Abgautschstadium kreieren. Zwei Methoden werden hier vorgestellt.

1. Den Papierbrei wegspritzen

MATERIAL UND WERKZEUG
Sprühflasche
eine Bütte mit dickem Papierbrei
eine Bütte mit dünnem Papierbrei in kontrastierender Farbe

Mit dem Schöpf- und Deckrahmen stellen Sie einen recht dicken Grundbogen in einer Farbe her. Waschen Sie Papierbrei, der noch am Schöpfrahmen haftet, ab, und stellen Sie einen zweiten Bogen in einer kontrastierenden Farbe aus dünnerem Papierbrei her. Nachdem genug Wasser abgelaufen ist, bringen Sie den Schöpfrahmen in eine senkrechte Position und sprühen mit der Sprühflasche Muster auf. Dies geschieht am besten draußen, da der weggesprühte Papierbrei

Sprühen Sie den Papierbrei mit einem Wasserstrahl weg.

drinnen auf die Wände spritzt. Wenn Sie mit dem Muster zufrieden sind, gautschen Sie den Bogen vorsichtig auf den Grundbogen ab und bedecken ihn mit einem Stück nassen Filz. Fahren Sie auf diese Weise fort, bis Sie genug Karten hergestellt haben, pressen Sie den Filzstapel und hängen Sie die Filzstücke zum Trocknen auf.

Kunstkarten, die durch das Wegspritzen des Papierbreis oder durch das Kreieren nasser Papiercollagen entstanden.

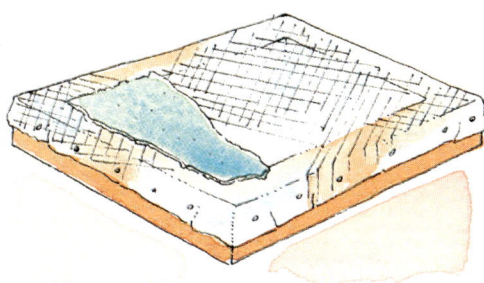

Legen Sie gerissene Papierstreifen auf einen frisch abgegautschten Papierbogen. Tauchen Sie eine Ecke des Schöpfrahmens in dünnen Papierbrei und gautschen Sie diesen auf der Collage ab.

2. Nasse Papiercollagen

MATERIAL
fertiges, handgeschöpftes Papier
eine Bütte mit dickem Papierbrei
ein oder zwei Bütten mit dünnem Papier-
    brei in kontrastierenden Farben

Auf einen noch nassen, dicken Bogen legen Sie gerissene Streifen von handgemachtem Papier oder Kosmetiktüchern und lassen in diese Feuchtigkeit einziehen. Waschen Sie Papierbrei, der am Schöpfrahmen haftet, ab und tauchen Sie eine Kante (oder Ecke) des Schöpfrahmens in eine Bütte mit dünnem, farbigem Papierbrei. Gautschen Sie diesen irgendwo auf dem Grundbogen mit dem abgerissenen Papier so ab, daß es befestigt wird. Tragen Sie den dünnen, farbigen Papierbrei in mehreren Schichten auf den Bogen. Legen Sie ein nasses Filzstück auf den Entwurf, und stellen Sie weitere Bögen her, bis Sie einen Stapel haben, den Sie dann pressen und trocknen.

Faltkarten

Handgeschöpftes Papier kann auf ungewöhnliche Weise gefaltet werden, um den attraktiven Büttenrand hervorzuheben. Die Faltkarte kann mit einer Satinschleife oder Goldkordel verziert werden. Nur wenn Sie beabsichtigen, auf diese Faltkarten zu schreiben, müssen sie geleimt werden.

Rechteckige Faltkarte

MATERIAL
ein Bogen handgeschöpftes Papier, DIN A4
kontrastierendes Papier, 10 x 16 cm

Kopieren Sie die Faltlinien des Diagramms auf einen einfachen Bogen Papier. Legen Sie den DIN A4-Bogen des handgeschöpften Papiers darauf und falten Sie die Seiten, wie in der Zeichnung abgebildet, um.

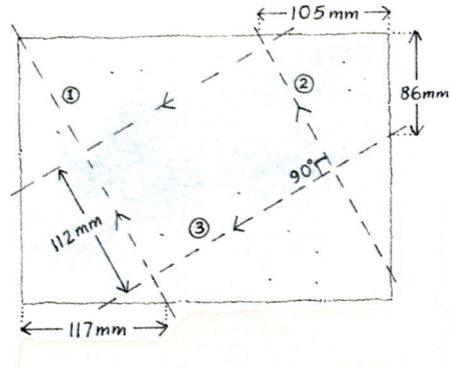

Diagramm der Faltlinien für eine rechteckige Faltkarte.

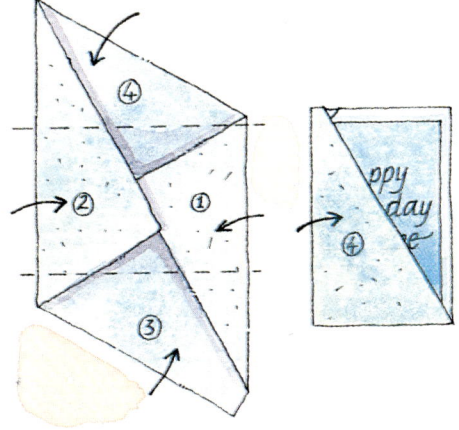

Falten Sie die Seiten in der Reihenfolge der Zahlen nach innen und stecken Sie eine Grußkarte hinein.

Quadratische und runde Faltkarten.

Quadratische Faltkarte

MATERIAL
ein Bogen handgeschöpftes Papier, 20 cm im Quadrat
ein Bogen handgeschöpftes Papier in einer kontrastierenden Farbe, 18 cm im Quadrat
eine fertig gekaufte Karte
Satinschleifenband oder Kordel, 50 cm lang

Stellen Sie quadratische Bögen her, indem Sie entweder einen quadratischen Schöpfrahmen verwenden oder quadratische Schablonen wie bei dem Briefumschlagprojekt. Nach dem Trocknen plazieren Sie das kleinere Quadrat mittig auf das größere und befestigen es mit doppelseitigem Klebeband oder gefaltetem Klebefilm. Falten Sie die Bögen, wie in der Zeichnung abgebildet. (Die Faltlinien markieren Sie auf Ihrem Papier mit dem Falzbein.) In das gefaltete Quadrat geben Sie den Gruß, den Sie auf eine Karte geschrieben haben. Um die Karte weiter zu verschönern, können Sie mit Filzstift einen farbigen Kartenrand aufzeichnen.

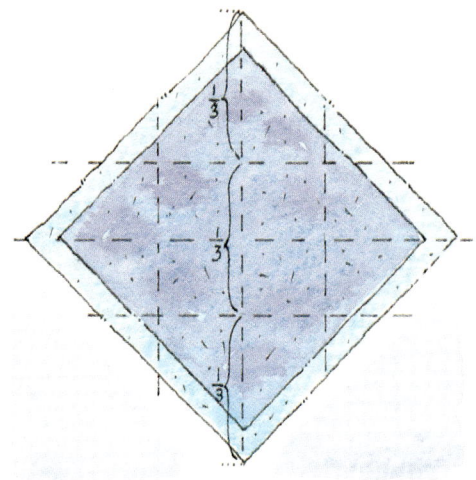

Legen Sie das kleinere Quadrat mittig auf das größere und ritzen Sie die Faltlinien ein.

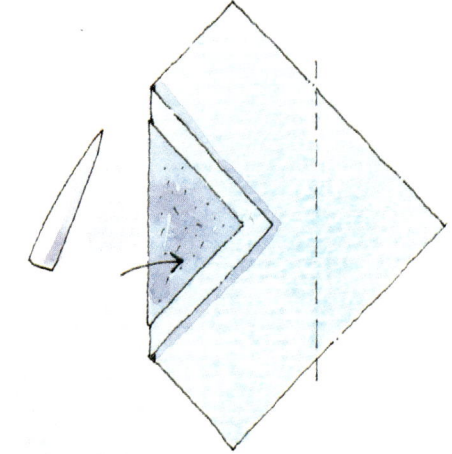

Falten Sie die Seiten zur Mitte hin.

Falten Sie die Ecken nach innen, so daß sie sich um ein Drittel überlappen und stecken Sie eine Grußkarte hinein.

Runde Faltkarten

Es gibt zwei grundlegende Methoden, um diese Karten herzustellen.

Methode 1

MATERIAL
Wie bei der quadratischen Faltkarte, aber statt dessen zwei runde Bögen in kontrastierenden Farben. Bei einer sollte der Durchmesser etwa 2 cm kleiner sein als bei der anderen.

Runde Papierbögen können mit Stickrahmen und Netzgardine oder mit einer runden Schablone hergestellt werden. Befestigen Sie den kleineren Kreis mit Hilfe von doppelseitigem Klebeband in der Mitte des größeren und falten Sie das Ganze, wie in der Zeichnung beschrieben. Die Ränder werden zur Kreismitte hin gefaltet. Geben Sie die Grußkarte in die Faltkarte und verzieren Sie sie mit einem Schleifenband.

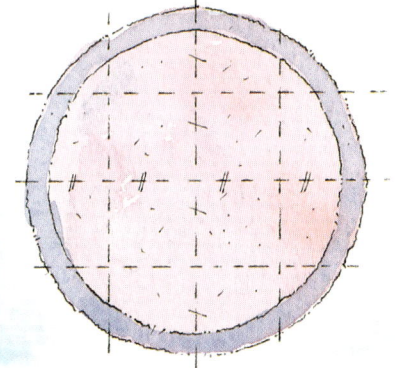

Legen Sie den kleineren Kreis mittig auf den größeren und ritzen Sie die Faltlinien ein.

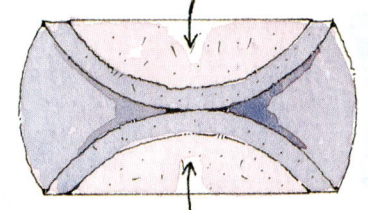

Falten Sie die Ränder zur Mitte hin.

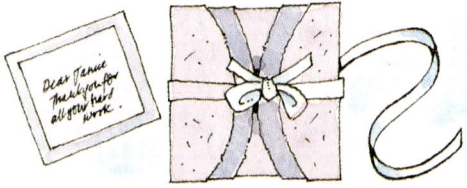

Binden Sie eine Schleife um Gruß- und Faltkarte.

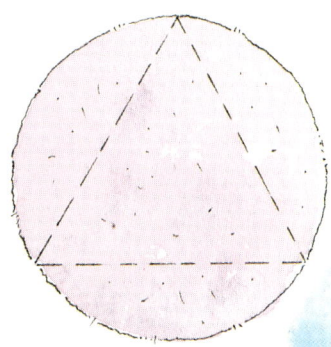

Zeichnen Sie ein gleichseitiges Dreieck in den Kreis und falten Sie die Ränder zur Mitte hin.

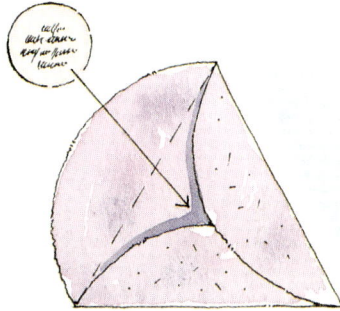

Geben Sie eine Grußkarte hinein und stecken Sie die letzte Klappe unter die erste.

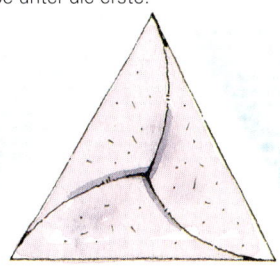

Methode 2

MATERIAL UND WERKZEUG
*Zirkel
ein runder Bogen handgeschöpftes Papier
eine fertig gekaufte Karte*

Zeichnen Sie einen Kreis in der Größe des handgeschöpften Papiers auf ein quadratisches Stück Papier. Stellen Sie den Zirkel auf die Radiuslänge ein und unterteilen Sie den Kreisumfang in sechs Teilstücke. Zeichnen Sie ein gleichseitiges Dreieck in den Kreis. Die Seiten des Dreiecks bilden die Faltlinien; benutzen Sie das Falzbein. Legen Sie eine dreieckige oder runde Grußkarte hinein und stecken Sie die Papierklappen, wie in der Zeichnung abgebildet, ineinander.

Mehrere Papierbögen können zu einem langen Streifen zusammengeklebt werden, so daß eine zickzackförmige japanische Faltkarte entsteht.

Japanische Faltkarte

MATERIAL
drei bis fünf DIN A5-Bögen (oder kleineres) handgeschöpftes Papier

Falten Sie die DIN A5-Bögen zur Hälfte um und legen Sie jeweils zwei halbe Bögen so aufeinander, daß sie bis an die Faltlinien stoßen. Achten Sie darauf, daß alle Kanten eine Linie bilden. Pressen Sie die Faltkarte 24 Stunden lang unter Gewichten. Die Karte kann in einen normalgroßen Manila-Umschlag gegeben oder mit einem langen Schleifenband zusammengehalten werden. Knipsen Sie Löcher in die Karte und ziehen Sie das Schleifenband ein.

Legen Sie die gefalteten Papierbögen so übereinander, daß sie sich jeweils zur Hälfte überlappen.

Behälter für Geschenke

Handgemachtes Papier verleiht Geschenken eine ganz persönliche Note.

Einfache Tüten

MATERIAL
Rechteckiges Papier

Zuerst falten Sie die Papierseiten zur Mitte hin, so daß sie sich 1 cm überlappen, dann kleben Sie sie zusammen. Pressen Sie das Ganze eine Stunde lang mit Gewichten. Zeichnen Sie auf der Rück- und Vorderseite jeweils 2 cm von beiden Seiten entfernt Faltlinien auf und ritzen Sie sie mit dem Falzbein ein. Falten Sie diese Ränder ins Tüteninnere. Markieren Sie eine Faltlinie 3 cm vom unteren Rand entfernt und reißen Sie den inneren Teil der Klappe wie abgebildet ab. Kleben Sie die Klappe fest und pressen Sie die Tüte 24 Stunden lang unter Gewichten.

Schachtel

MATERIAL
wie bei einfachen Tüten

Zeichnen Sie die Form der Schachtel auf ein Stück Papier, wobei Sie Faltlinien als punktierte Linien markieren. Kneifen Sie alle Faltlinien vor, falten Sie die Schachtel an der mittleren Faltlinie und kleben Sie die Klappe unter die gegenüberliegende Seite. Pressen Sie die Schachtel eine Stunde lang. Dann falten Sie die oberen und unteren Klappen nach innen, um die Schachtel zu schließen.

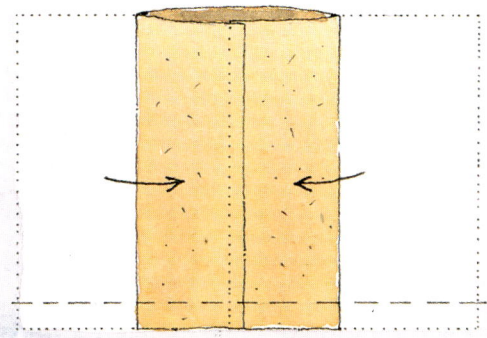

Falten Sie beide Seiten nach innen, so daß sie sich in der Mitte überlappen.

Reißen Sie die untere Kante kurvig ab.

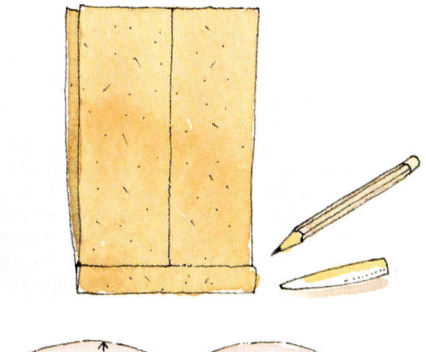

Schachtel und Geschenktüten.

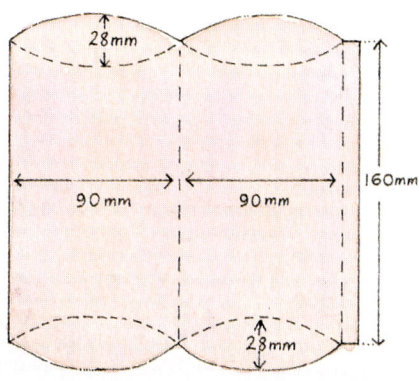

Zeichnung für die Schachtel.

Geschenkschachtel

MATERIAL
dicker Karton
zwei Bögen handgeschöpftes DIN A4-Papier

Sie können vorhandene Schachteln bekleben
oder der Zeichnung entsprechend eigene
herstellen. Dafür markieren Sie die Grund-
abmessungen der Schachtel auf einem Stück
Karton. Achten Sie darauf, daß alle Linien
rechtwinklig zueinander stehen. Messen Sie
die Seiten der Schachtel ab und geben Sie
diese Maße zu den vier Seiten der Grundfläche. Schneiden Sie die Form aus, falten
Sie entlang der geritzten Linien und kleben
Sie die Seiten mit Klebefilm zusammen. Um
die Schachtel zu bekleben, übertragen Sie
ihre Grundfläche auf einen Bogen handgemachten Papiers, wobei Sie für den Rand,
der in das Schachtelinnere umgefaltet wird,
1,5 cm zu der Seitenhöhe zugeben; ebenso
für die Seitenstreifen, die um die Ecken der
Schachtel geklebt werden. Tragen Sie den

Kleber auf das Papier auf und stellen Sie die
Schachtel mitten auf das Papier; drücken Sie
sie gut an. Kleben Sie das Papier auf die beiden kürzeren Seiten, falten Sie es über die
Schachtelkanten und streichen Sie die Streifen um die Ecken herum glatt. Kleben Sie
die beiden noch verbleibenden Seiten fest.
Drücken Sie sie gut mit den Fingern an und
kleben Sie den Rand über die obere Kante.
Gehen Sie beim Deckel genauso vor, aber
achten Sie darauf, daß der Deckel etwas
größer ist als die Schachtel (etwa 2 mm an
allen vier Seiten), damit er darüber paßt.
Messen Sie sorgfältig ab, bevor Sie den Karton oder das Papier zuschneiden.

Wollen Sie eine vorhandene Schachtel
bekleben, dann öffnen Sie die Schachtel und
markieren Sie die Maße auf dem handgemachten Papier. Geben Sie am oberen Rand
etwas Papier zu, das um den Rand geklebt
wird. An den beiden gegenüberliegenden
kürzeren Seiten zeichnen Sie Klappen zum
Einstecken auf. Fahren Sie dann fort wie
oben.

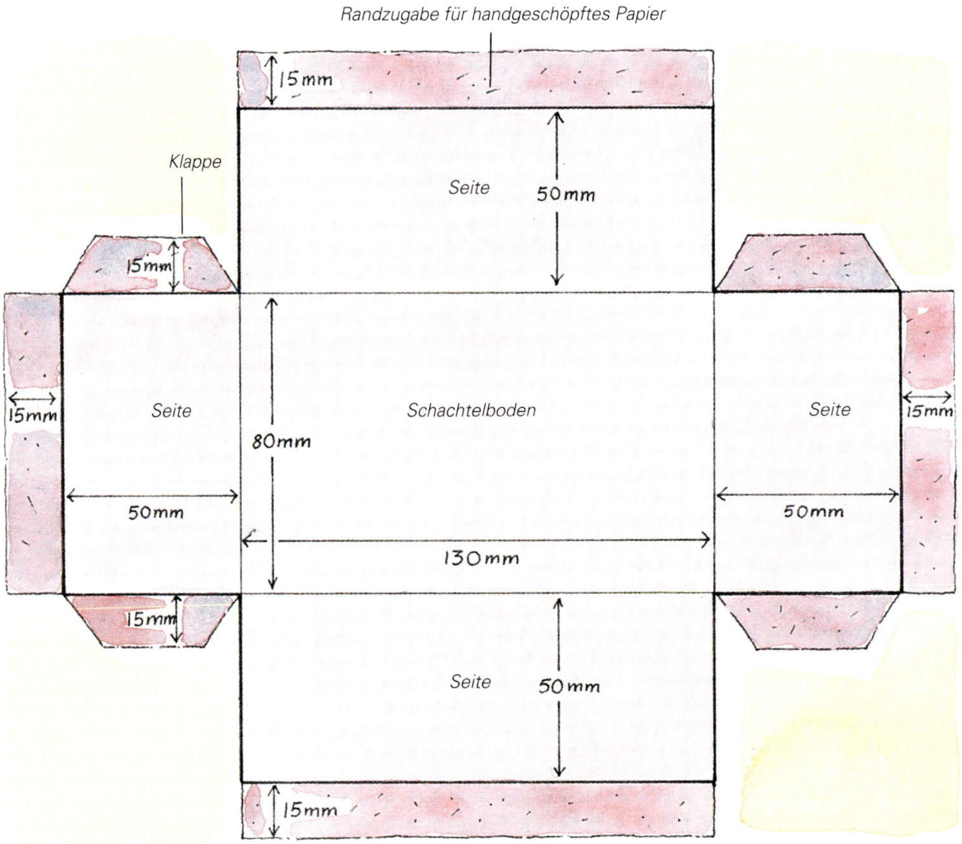

Randzugabe für handgeschöpftes Papier

15 mm

Klappe

Seite — 50 mm

15 mm

15 mm — Seite — Schachtelboden — Seite — 15 mm

80 mm

50 mm

130 mm

50 mm

Seite — 50 mm

15 mm

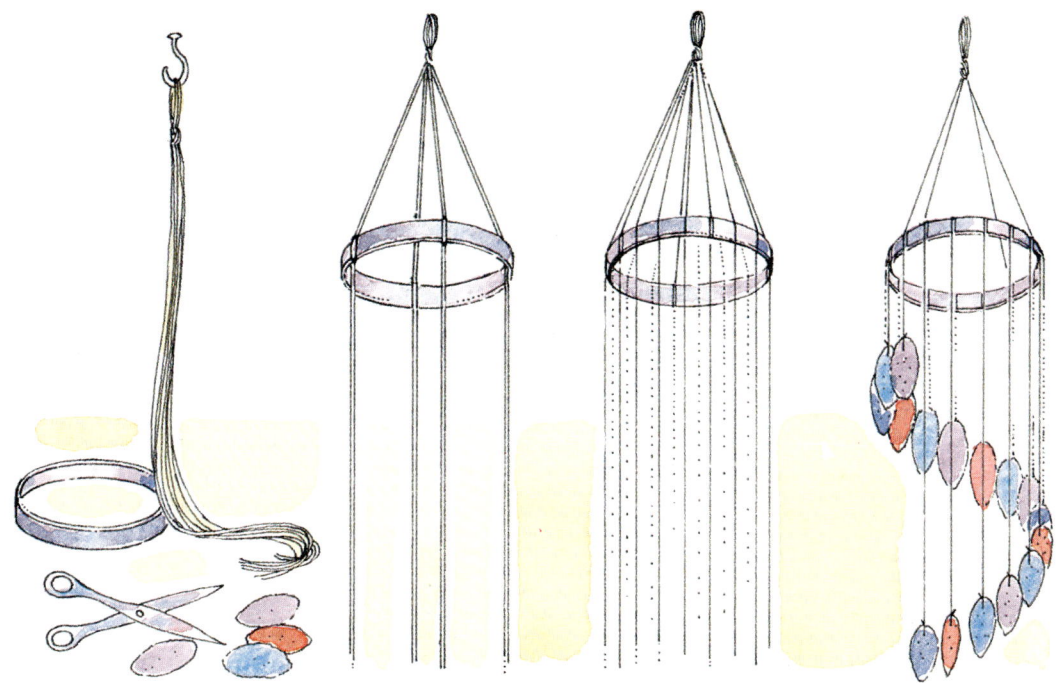

Falten Sie die acht Fäden zur Hälfte um und machen Sie 6 cm von der Mitte einen Knoten.

Knoten Sie jeden vierten Faden an den Stickrahmen.

Knoten Sie die verbleibenden Fäden an den Rahmen. Achten Sie auf gleichmäßige Abstände.

Verknoten Sie die Papierovale in Form einer Spirale.

Papiermobile

Kleine Streifen aus Pflanzenpapier, die mit Silberfaden umwickelt sind, kleine Tierformen, bunte Kreise oder Quadrate können an Draht oder an einem Stickrahmen aufgehängt werden. Die Leichtigkeit des Papiers und die reizvolle Farb- und Strukturkombinationen setzen künstlerische Akzente, wenn sich das Mobile bewegt.

MATERIAL UND WERKZEUG
Stickrahmen, 20 cm Durchmesser
Baumwollhäkelgarn
Stopfnadel
Farbe
Klarer Mattlack
Malpinsel
Terpentin
dicker Papierbrei in verschiedenen Farben
Tapetenkleister, der entsprechend der
Gebrauchsanweisung angerührt wurde

Gießen Sie mit dickem Papierbrei 8–10 cm hohe Ovale in möglichst vielen Farben auf trockenen Filz. Saugen Sie das Wasser mit einem Filzstück und dem Schwamm auf, und rollen Sie mit dem Nudelholz darüber (siehe Kapitel 2). Nach dem Trocknen bestreichen Sie die Papierovale mit Tapetenkleister.

In der Zwischenzeit bemalen Sie den Stickrahmen in einer Farbe, die zu den Ovalen paßt, und geben zwei Schichten Klarlack darüber. Zum Zusammenbau des Mobiles schneiden Sie zuerst achtmal 2 m Baumwollhäkelgarn zu. Falten Sie das Garnbündel zur Hälfte um und verknoten Sie es, so daß eine 6 cm-Öse entsteht, die Sie an einen Haken hängen können. Binden Sie den 1., 5., 9. und 13. Baumwollfaden etwa 30 cm vom Knoten entfernt an dem Stickrahmen fest und unterteilen Sie den Rahmen dabei in vier gleiche Teile. Achten Sie darauf, daß der Rahmen waagrecht hängt. Dann verknoten Sie die anderen Fadenstücke in gleichmäßigen Abständen. Stechen Sie ein Loch in das erste Oval und hängen Sie es auf, so daß es etwa 12 cm vom Rahmen herabhängt. Wiederholen Sie diesen Prozeß mit dem nächsten Oval, so daß es etwas niedriger hängt als das erste. Fahren Sie auf diese Weise fort, bis Sie mit den Ovalen eine kleine Spirale gearbeitet haben.

Kapitel 9
Andere Papiertechniken

Mit handgeschöpftem Papier lassen sich viele aufregende und originelle Dinge herstellen und die Techniken führen Sie zu faszinierenden Experimenten in der Papierkunst.

Handgemachtes Papier kann als Aufziehkarton für alte Fotos dienen, entweder als Karte, wie in Kapitel 8 abgebildet, oder in einem Rahmen. Wenn Sie mehrere Bögen aufeinander laminieren, entsteht dickeres Papier oder Karton. Man kann noch einen Schritt weitergehen und interessante Oberflächenstrukturen kreieren, indem man zwischen die Bögen verschiedene Objekte laminiert. Andere Reliefs können geprägt oder durch das Einbetten von Objekten in das Papier geschaffen werden. Die Oberfläche von ungeleimtem Papier eignet sich ausgezeichnet zum Bedrucken. Wenn Sie einige schöne, handgeschöpfte Bögen gesammelt haben, können Sie sie auch zu einem Buch binden.

Passepartouts für alte Fotos

Pflanzenpapier oder Zwiebelhautpapier ist besonders effektiv als Hintergrund für alte Familienfotos.

MATERIAL UND WERKZEUG
ein fertiger Holzrahmen
Holzbeize (Eiche mittel)
Holzversiegler
ein Malpinsel, 10 mm breit
goldene Plakafarbe
ein sehr feiner Malpinsel (Nr. O)
Aufziehkarton

Schmirgeln Sie den Rahmen, falls nötig, ab, tragen Sie die Holzbeize auf und lassen Sie ihn trocknen. Schneiden Sie den Aufziehkarton mit Hilfe eines Lineals und eines Papiermessers zu, so daß er in den Rahmen paßt. Plazieren Sie den Bogen des handgeschöpften Papiers so, daß der Büttenrand sichtbar ist, oder schneiden Sie ihn auf die Rahmengröße zu. Kleben Sie das Foto mittig auf das Papier. Als attraktiven „antiken" Abschluß ziehen Sie mit Goldfarbe eine Linie um das Foto herum.

Nach dem Trocknen pressen Sie das Ganze 24 Stunden lang. Anschließend bauen Sie Rahmen, Glas, Aufziehkarton und handgemachtes Papier zusammen und sichern das Bild gut mit Reißzwecken oder Nägeln. Schließlich versiegeln Sie die Rückseite des Rahmens mit einigen Streifen Kreppband, die den Aufziehkarton überlappen. Damit der Rahmen professioneller aussieht, können Sie die Rückseite mit braunem Papier versehen.

Laminieren und Prägen

Bei diesen beiden Techniken arbeiten Sie mit neu geschöpften nassen Bögen während des Abgautschens. Prägungen lassen sich gleichermaßen gut bei der Gieß- und Abgautschmethode herstellen.

Als *Laminieren* bezeichnet man das Abgautschen von zwei oder mehreren Bögen aufeinander und das Einklemmen von Objekten zwischen die beiden Bögen. Um die besten Ergebnisse zu erzielen, sollte der Papierbrei recht dünn sein. Nachdem Sie einen Bogen auf ein nasses Filzstück abgegautscht haben, legen Sie ein flaches Objekt oder mehrere auf den nassen Bogen und gautschen einen zweiten Bogen darauf ab, so daß das Objekt oder die Objekte zwischen die beiden Bögen eingeklemmt werden. Sie können Wollstücke, Spitze, Schnur, Federn, Farne, gepreßte Blätter und Blumen, Tannennadeln, zerrissenes Seidenpapier oder ausgeschnittene Buchstaben verwenden. Um zusätzliche Reize zu schaffen, bemalen Sie die Objekte zuerst – die Farbe wird durch das Papier laufen, so daß eine interessante Wirkung entsteht. Denken Sie daran, daß die Farbe von Herbstblättern bei Nässe ausläuft. Dies kann sehr schön aussehen, aber wenn Sie den Effekt vermeiden wollen, kochen und pressen Sie die Blätter zuerst.

Als *Prägen* bezeichnet man die Herstellung einer erhabenen Oberfläche oder eines Reliefs im Papier, wie man es oft bei Firmenlogos, Hochzeitseinladungen usw. findet. Ein feuchter Papierbogen, der auf ein Relief gedrückt wird, behält diesen Abdruck. Für Reliefs können Sie die Objekte verwenden, die unter dem Abschnitt Laminieren aufgeführt wurden oder Linolschnitte, ausgeschnittene Buchstaben, Gewebe aus Raffiabast oder Rohrgeflecht.

Zuerst gautschen Sie einen Bogen Papier auf dünnen Stoff, etwa Faservlies oder ein Herrentaschentuch, ab und hängen ihn vier bis sechs Stunden zum Trocknen auf. Wenn das Papier noch leicht feucht ist, legen Sie einen Gegenstand darauf. Bedecken Sie es mit einem zweiten Stück trockenen Stoff und bügeln Sie das Papier trocken.

Alternativ könnten Sie das feuchte Papier auf dem Reliefobjekt auf natürliche Weise trocknen lassen. Plazieren Sie den feuchten Papierbogen, der sich noch auf dem Stoffstück befindet, auf das Objekt, das auf fester Pappe oder Karton liegt, und ziehen Sie den Stoff vorsichtig ab. Legen Sie ein Stück Schaumstoff (etwa 2 cm dick) auf das feuchte Papier und legen Sie mindestens 24 Stunden lang ein Brett mit Gewichten darauf. Heben Sie das Papier erst ab, wenn es knochentrocken und das Bild gut eingedrückt ist.

Bei einer weiteren Prägetechnik gautschen Sie den Papierbogen direkt auf ein Reliefobjekt, beispielsweise einen Linolschnitt, den Sie mit Körperpuder einreiben, so daß sich das Papier dann leichter ablösen läßt.

Prägedruck mit Schnur auf Papyruspapier.

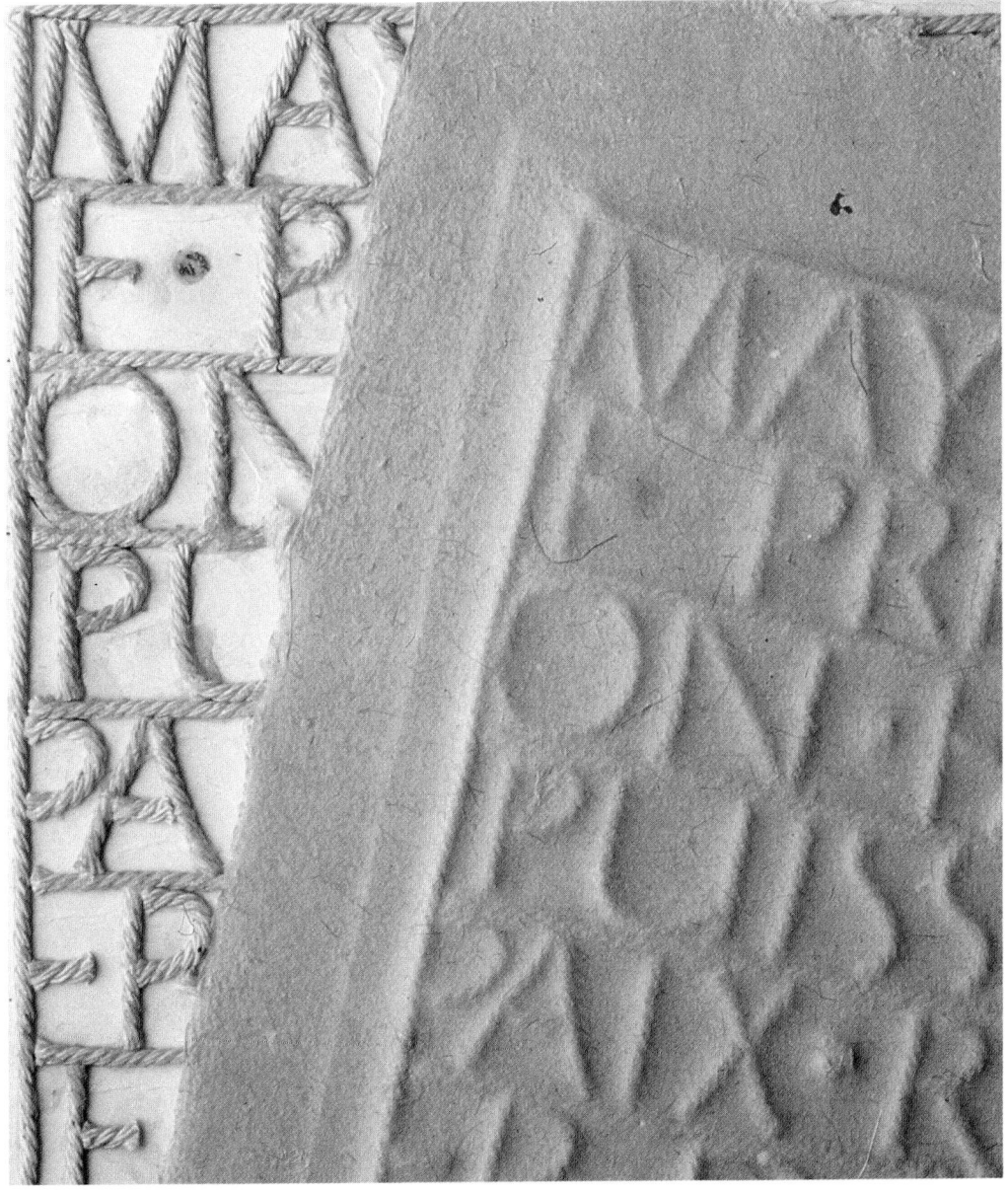

Einfache Drucktechniken für ungeleimtes Papier

Drucktechniken, die besonders gut auf ungeleimtem Papier wirken, sind Kartoffeldruck, Linol- und Holzschnitte.

Kartoffeldruck

MATERIAL UND WERKZEUG
eine Kartoffel
Behälter mit ebenem Boden (z. B. ein
  Margarinebecher)
ein dünner Schwamm oder ein Schaum-
  stoffstück, das in den Becher paßt
Farbpulver
ungeleimtes Papier

Schneiden Sie die Kartoffel sauber in zwei Hälften, damit Sie eine glatte Druckfläche haben. (Sie können auch zum Festhalten einen Griff in die Kartoffel schneiden.) Schneiden Sie ein Muster in die glatte Fläche. Mit einem weichen Bleistift markieren Sie auf dem ungeleimten Papier leicht eine senkrechte und waagrechte Linie etwas neben der Mitte. Die Linien dienen als Richtlinie für die erste Druckreihe. Mischen Sie in dem

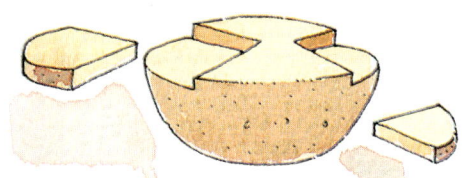
Schneiden Sie Keile aus der Kartoffel, um so einen Stempel zu arbeiten.

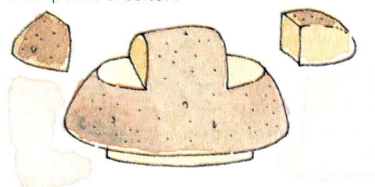
Schneiden Sie einen „Griff" in die Kartoffel.

Geben Sie Farbe auf die Kartoffel, indem Sie sie auf das Stempelkissen drücken.

Behälter ein wenig Farbpulver mit Wasser (beginnen Sie mit drei gehäuften Teelöffeln Pulver auf ein Liter Wasser), und drücken Sie den Schwamm hinein, um die Farbe aufzusaugen. Drehen Sie den Schwamm um – jetzt haben Sie Ihr Stempelkissen vor sich. Drücken Sie die Schnittfläche der Kartoffel fest in den Schwamm und dann auf die Zeitung, um zu sehen, wie der Druck wirkt. Falls nötig, ändern Sie Stempel und Farbdichte ab und machen einen weiteren Testdruck. Wenn Sie mit der Farbstärke und der Form des Stempels zufrieden sind, stempeln Sie die erste Reihe entlang einer der Bleistiftlinien. Geben Sie nach jedem Druck neue Farbe auf den Stempel oder drucken Sie jeweils zweimal mit einem Farbauftrag. Der zweite Abdruck ist vom Farbton her etwas heller und kann dem Muster eine interessante Struktur verleihen.

Linolschnitt

MATERIAL UND WERKZEUG
Werkzeuge für den Linol- oder Holzschnitt
  (erhältlich in Hobbyläden)
Linoleum
Tinte auf Ölbasis
eine Walze
ein Stück Glas oder eine Keramikfliese
ein Löffel

Zeichnen Sie Ihren Entwurf auf Papier vor und übertragen Sie ihn auf das Linoleum, mit einem weichen Bleistift und Kohlepapier. Vor dem Zuschneiden legen Sie das Linoleum in die Sonne oder an die Heizung, damit es weicher wird – es läßt sich dann leichter bearbeiten. Achten Sie darauf, daß Sie vom Körper wegschneiden, da Sie sich böse verletzen können, falls das Messer abrutscht. Zum Drucken geben Sie zuerst einen Teelöffel voll Tinte auf das Glas (oder die Fliese) und verteilen sie gut mit der Walze. Abschließend verteilen Sie die Tinte mit der Walze auf dem Linoleum, bis die erhabene Oberfläche gleichmäßig bedeckt ist. Legen Sie einen Bogen ungeleimtes, handgeschöpftes Papier auf den Druckstempel und drücken Sie ihn vorsichtig mit der Handfläche an. Anschließend reiben Sie mit dem Löffelrücken über die Gesamtfläche, um sicherzustellen, daß die ganze Linoleumfläche mit dem Papier in Kontakt ist. Um zu überprüfen, ob der Abdruck gut geworden ist, heben Sie vorsichtig eine Ecke des Papiers an. Wenn Sie mit dem Resultat zufrieden sind, ziehen Sie das Papier vorsichtig ab und legen es flach zum Trocknen hin.

Einfaches Marmorieren

Grundlage der Technik ist die Tatsache, daß Öl und Wasser sich nicht mischen. Auf Ölfarben, die auf Wasser schwimmen, wird ein Papierbogen gelegt, der das Muster annimmt. Handgeschöpftes Papier kann mit Erfolg marmoriert werden, wenn es gut geleimt ist und eine Weile „stehen" gelassen wurde. Die einfachste Methode, für die ein Minimum an Ausstattung oder teuren Zutaten nötig ist, ist unten aufgeführt.

MATERIAL UND WERKZEUG
*ein flaches Tablett, beispielsweise eine
 Katzentoilette oder eine Bratform*
Ölfarben in zwei Farbtönen
Terpentin
zwei kleine Gläser zum Mischen der Farben
zwei Malpinsel
ein Schaschlikstab oder dünner Holzstab
Zeitungen
*fertig gekauftes oder handgemachtes,
 geleimtes Papier*

Füllen Sie das Tablett etwa 8 cm hoch mit kaltem Wasser. Halten Sie einige flach ausgebreitete Zeitungen bereit. Drücken Sie etwa 2 cm Ölfarbe aus jeder Tube in ein Glas, d. h. pro Farbe ein Glas. Geben Sie zu jeder Farbe 10 ml Terpentin und mischen Sie das Ganze, bis die Farbe die Konsistenz von flüssiger Sahne hat. Tauchen Sie einen Malpinsel in das erste Glas und tropfen Sie etwas Farbe auf die Wasseroberfläche, um ihre Konsistenz zu überprüfen. Sie sollte

sich zu Flecken von 2 cm Durchmesser ausbreiten. Wenn der Flecken schrumpft, ist die Farbe zu dick, wenn er sich zu weit und zu schnell ausbreitet, ist die Farbe zu dünn.

Tropfen Sie die Farben über die gesamte Wasseroberfläche. Um ein Muster zu erzeugen, ziehen Sie das Schaschlikstäbchen einfach in einer langsamen Zickzackbewegung durch das Wasser. Rühren Sie nicht zu stark, da die Farbe sonst aufbricht und fleckig wird. Senken Sie das Papier vorsichtig auf die Wasseroberfläche, wobei Sie den Bogen von der Mitte ausgehend zu den Seiten hin glätten. Achten Sie darauf, daß keine Luftblasen unter dem Papier eingeschlossen sind, da diese zu weißen Flecken in dem Muster führen würden. Achten Sie darauf, daß Sie das Papier nicht eintauchen.

Heben Sie das Papier jetzt vorsichtig ab und lassen Sie es mit der Musterseite nach oben auf dem Zeitungspapier trocknen. Zwischen jedem Druckvorgang entfernen Sie mit zusammengerolltem Zeitungspapier die übriggebliebene Farbe von der Wasseroberfläche und wiederholen den Vorgang. Wenn das marmorierte Papier trocken ist, kann es in einem schweren Buch oder unter Gewichten mehrere Tage lang gepreßt werden.

> *Anmerkung:* Eine alternative Methode zum Marmorieren ist der Batikdruck auf handgeschöpftem Papier. Dazu wird das Papier zusammengeknüllt, zu einer Kugel verschnürt und 2–4 Stunden lang in eine Farblösung getaucht. Lassen Sie das Papier gründlich trocknen, bevor Sie die Kugel vorsichtig aufwickeln. Sie können den Prozeß mit einer anderen Farbe wiederholen. Zum Schluß glätten und pressen Sie das Papier ein paar Tage lang.

Lassen Sie Farbe auf die Wasseroberfläche tropfen.

Ziehen Sie ein Stäbchen oder einen Bleistift durch das Wasser.

Senken Sie das Papier auf die Wasseroberfläche.

Einfache Buchbindearbeiten

Wenn Sie eine größere Menge handgeschöpfter Papierbögen von unterschiedlicher Struktur und Farbe gesammelt haben, können Sie diese in einem schönen Ledereinband binden. Man muß sie nicht unbedingt professionell binden. Es gibt einfache, aber sehr wirkungsvolle Möglichkeiten zum Binden von Büchern, selbst wenn Sie keine Erfahrung und nur ein Minimum an Ausrüstung zur Verfügung haben.

Natürlich können Sie auch etwas in die Bücher schreiben.

MATERIAL UND WERKZEUG
einfarbiges oder gemustertes handge-
    schöpftes oder fertig gekauftes Papier für
    den Einband
Knopflochseide oder Baumwollhäkelgarn
eine dünne Stopfnadel
sechs Bögen handgeschöpftes Papier
ein Stechzirkel

Falten Sie die handgeschöpften Papierbögen halb um und kneifen Sie die Falte fest. Schieben Sie die Seiten wie bei einem Buch ineinander.Zurechtgeschnitten wird später. Schneiden Sie den Einband mit Hilfe eines Messers und Metallineals etwas größer als nötig zu. Zurechtgeschnitten wird später. Schieben Sie die Buchseiten in den Einband, so daß oben und unten gleich große Ränder stehenbleiben. Öffnen Sie die Buchmitte, suchen Sie den Mittelpunkt der Faltlinie und markieren Sie ihn mit dem Bleistift. Messen Sie vom unteren und oberen Rand jeweils 2,5 cm ab und markieren Sie diese Punkte ebenfalls. Überprüfen Sie, ob die Ränder noch überall gleich sind.

Mit der Stopfnadel stechen Sie drei Löcher durch alle Papierschichten einschließlich Einband. Nähen Sie mit einem Faden von 25 cm Länge durch das mittlere Loch in der Buchmitte. Richten Sie sich nach der Zeichnung, und nähen Sie in einer S-Bewegung, bis Sie mit der Nadel wieder durch das mittlere Loch stechen. Machen Sie einen Knoten und schneiden Sie die Fadenenden bis auf etwa 1 cm ab. Schneiden Sie die Vorderkante des Einbands mit Hilfe eines Messers und eines Metallineals ab, so daß sie 3 mm über das gebundene Papier hinaussteht. Pressen Sie das Buch eine Woche lang unter Gewichten.

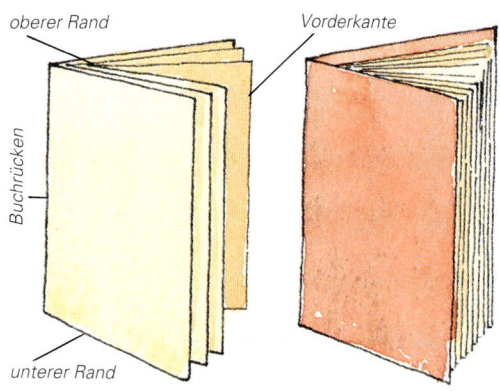

Schieben Sie die gefalteten Seiten wie bei einem Buch ineinander und schieben Sie sie in den Einband.

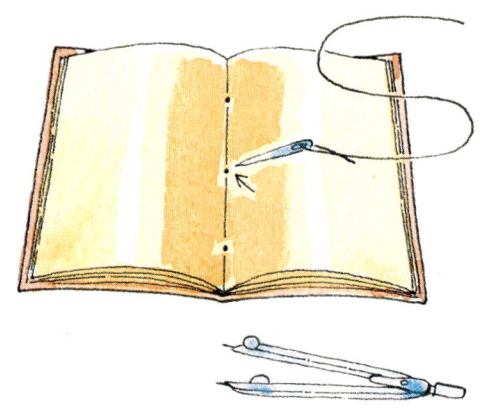

Stechen Sie drei Löcher durch die Papierschichten und den Einband und beginnen Sie im mittleren Loch mit dem Zusammennähen.

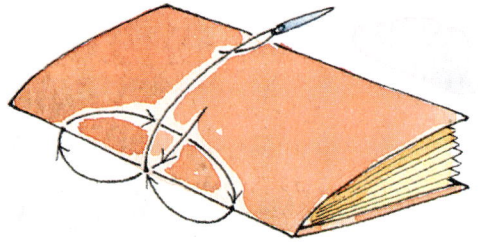

Nähen Sie, wie in der Zeichnung abgebildet, durch die Löcher.

Rechts: Einfache Buchbindetechnik: einfaches Buch und japanische Faltbücher. Der Einband oben zeigt den Papierabdruck eines Holzschnitts von Thelma Harwood.

Von links nach rechts: Japanisches Faltbuch aus Kozo-Faser, ein Ziehharmonika-Faltbuch aus sich überlappenden DIN A4-Bögen und ein Miniatur-Faltbuch.

Japanisches Faltbuch

Man kann ein japanisches „Ziehharmonika"-Faltbuch entweder aus einem langen Papierstreifen fertigen oder aus mehreren Seiten zusammenfügen. Unten ist die Anleitung für eine Miniatur aus einem DIN A4-Bogen handgeschöpftem Papier aufgeführt, der in drei Streifen gerissen wurde.

MATERIAL UND WERKZEUG
ein Bogen handgeschöpftes DIN A4-Papier
Tapetenkleister
fester Karton für den Einband
fertig gekauftes oder handgemachtes
  marmoriertes Papier für den Einband
Butterbrotpapier oder Abfallpapier
ein feiner Malpinsel (etwa Nr. 2)

Mischen Sie den Tapetenkleister an, indem Sie 5 ml Pulver in 250 ml Wasser einrühren. Lassen Sie ihn 24 Stunden lang stehen. Rühren Sie gelegentlich um. Unterteilen Sie den DIN A4-Bogen der Länge nach in drei gleichgroße Abschnitte. Feuchten Sie die Trennlinie entlang einem Lineal an und reißen Sie die Teile auseinander. Unterteilen Sie die einzelnen Streifen in Viertel, wobei Sie die Falten jeweils mit dem Falzbein glätten. Um die drei Streifen miteinander zu verbinden, kleben Sie jeweils ein Viertel am Ende eines Streifens mit einem Viertel des nächsten Streifens zusammen. Falten Sie das Papier, so daß eine „Ziehharmonika" entsteht. Wenn alles geklebt und gefaltet ist, pressen Sie das Ganze 24 Stunden lang unter Gewichten.

Der Einband wird aus zwei identischen Kartonstücken hergestellt, die mit dekorativem Papier eingeschlagen werden. Zeichnen Sie den Einband auf dem Karton auf, wobei Sie einen Rand von 3 mm um das Faltbuch herum zugeben. Schneiden Sie den Karton mit dem Messer zu.

Messen Sie Umschlagpapier für den Einband ab, wobei Sie an allen vier Seiten 1 cm zugeben. Streichen Sie das Umschlagpapier vom Mittelpunkt ausgehend mit Kleister ein. Entfernen Sie die Ecken, indem Sie das Papier diagonal etwa 3 mm von den Kartonecken entfernt abschneiden. Schlagen Sie die oberen und unteren Streifen ein und drücken Sie diese gut an. Schlagen Sie die Eckfalten an den Stellen, an denen sie die Seitenklappen überlappen, sauber mit dem Falzbein ein (siehe Zeichnung). Dann schlagen Sie die Seitenklappen ein und drücken sie gut an. Pressen Sie die Deckel zwischen Butterbrotpapier 24 Stunden lang.

Zum Zusammensetzen des Buches streichen Sie die Endseiten mit Kleister ein und kleben sie auf die Einbanddeckel. Achten Sie darauf, daß kein Kleister in die Falte gelangt.

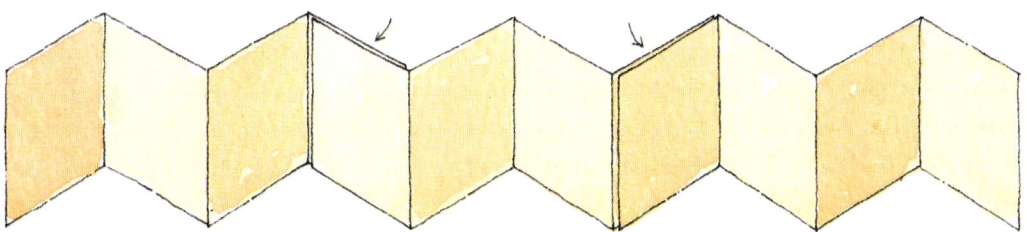

Verbinden Sie die Streifen, indem Sie jeweils zwei Seiten übereinanderlegen.

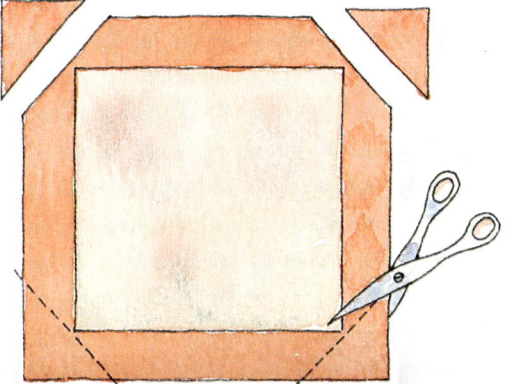

Legen Sie Butterbrotpapier über die Endseiten (Vorsatzblätter) und reiben Sie fest mit dem Falzbein darüber. Wenn beide Deckel mit dem Buch verbunden sind, legen Sie neues Butterbrotpapier zwischen die Einbanddeckel und die nächsten Buchseiten und pressen das Ganze drei Tage lang.

Schleifenband, das Sie zwischen Einbanddeckel und Vorsatzblätter kleben, ist eine attraktive Ergänzung des Einbands.

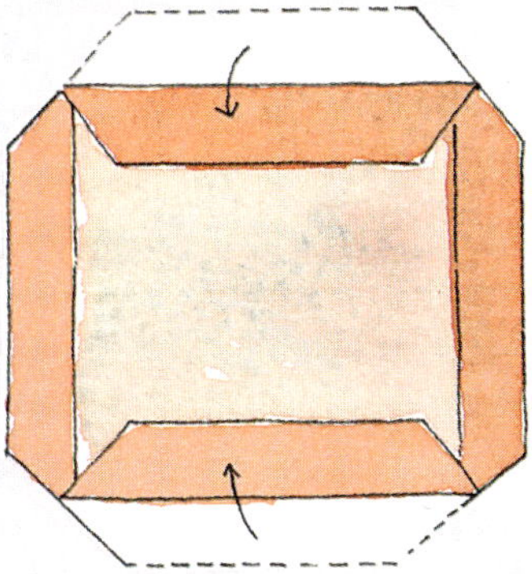

Schneiden Sie überstehendes Papier 3 mm von den Ecken des Einbands entfernt ab.

Falten Sie die obere und untere Klappe um.

Kleben Sie Schleifenband auf den Einband, dann die Vorsatzblätter.

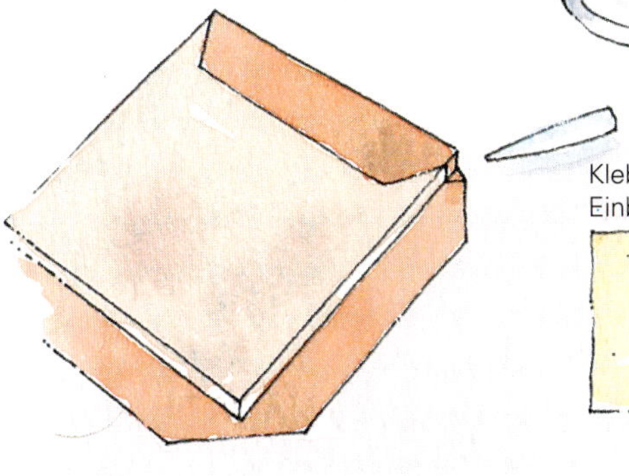

Schieben Sie die Eckfalten mit dem Falzbein sauber an den Karton.

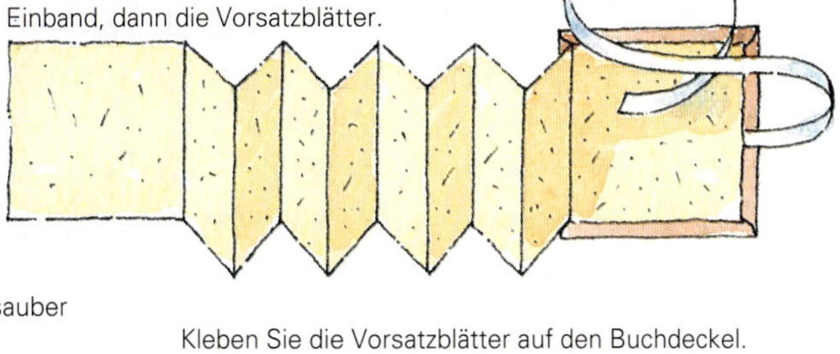

Kleben Sie die Vorsatzblätter auf den Buchdeckel.

Kapitel 10

Papierkunst

Der Begriff „Papierkunst" umfaßt Techniken wie Origami, Scherenschnitte, Papiercollagen, die Marionettenherstellung, aber auch Bühnenbilder und Arbeiten aus Papiermaché. Arbeiten mit Papiermaché erinnern jedoch am stärksten an das, was man unter Papierkunst versteht, da dabei mit dem Papierbrei selbst gearbeitet wird.

Nasser Papierbrei hat eine einzigartige Flexibilität und dreidimensionale Qualität, die sich von allen anderen Kunstmedien unterscheidet. Nasser Papierbrei ähnelt matschigem Brotteig, er kann Räume ausfüllen und genau die Form und Struktur der Oberfläche reproduzieren, an der er trocknet. Man kann Objekte in ihn einbetten, man kann ihn in Gußformen geben oder dick in abstrakte Entwürfe mit aufregenden Farben und Strukturen gießen. Dicker, abgetropfter Papierbrei kann leicht manipuliert werden, indem man Formen hineindrückt oder ihn aufeinanderhäuft, so daß erhabene Oberflächen entstehen. Er kann auch ähnlich wie Ton modelliert und geformt werden. Aufgrund dieser Qualität eignet er sich für eine Kunstform, die als Papierskulptur bezeichnet wird.

Zusätzlich können mit der Abgautschmethode dünne, durchscheinende Bögen getöntes Papier aufeinander geschichtet werden, so daß Tiefe und subtile Farbkombinationen entstehen und unter die Oberfläche laminierte Objekte offenbar werden. Teilweise getrocknetes Papier kann überlappt, gefaltet oder gedreht werden, so daß interessante Reliefmuster mit Licht und Schatten entstehen. Kombiniert mit anderen Medien wie Stickerei, Weben, Beschriften, Pastellmalerei, Töpferei und Bildhauerei wird dem Papier von Künstlern im Westen wie im Osten immer mehr Aufmerksamkeit geschenkt.

Papierkunsttechniken können zeitaufwendig sein, da oft lange Trockenzeiten oder komplizierte Ausrüstungen und Konstruktionen erforderlich sind. Dieses Kapitel soll Ihnen eine Vorstellung davon geben, welche Möglichkeiten in diesem Medium, unter Verwendung einfacher Werkzeuge stecken. Keines dieser Projekte ist zu zeitaufwendig. Wenn Sie erst einmal einige der vorgestellten Techniken ausprobiert haben, wird Ihre Phantasie Sie sicherlich zu weiteren, eigenen Experimenten anregen.

Das „R" wurde mit einem Gipsabdruck von in Sand geschriebenen Buchstaben geprägt. Das Alphabet wurde von einem Holzdruck von Martin Field abgenommen.

Papier gießen

Dickerer Papierbrei kann über strukturierte und reliefartige Oberflächen gegossen werden, so daß faszinierende Papierabdrucke entstehen.

MATERIAL UND WERKZEUG
ein Eimer Papierbrei (weiß oder getönt)
ein Rahmen oder Holzleisten
zwei Stücke Filz oder Stoff
ein Meßbecher
ein Nudelholz
ein saugfähiger Schwamm
interessante Oberflächen oder Objekte
ein Netzbeutel oder Sieb
Fett oder Backspray

Lassen Sie den Papierbrei im Netzbeutel oder Sieb abtropfen, bis er ziemlich dick, aber noch flüssig genug ist, damit er gegossen werden kann. Wählen Sie eine interessante Oberfläche, auf die Sie den Papierbrei gießen, beispielsweise einen Fußabstreifer, Baumstamm, einen Haufen Steine oder Muscheln, Muster im Sandstrand, einen Traktorreifen, Treibgut vom Strand, Holzschnitzereien, Linolschnitte oder Skulpturen oder eine Oberfläche, die Sie selbst kreieren. Um eine eigene Gußform herzustellen, legen oder kleben Sie Objekte wie Seilstücke, gefalteten Stoff, Keramikscherben, Samenhülsen oder Steine auf ein Holzbrett. Fetten Sie alle Oberflächen, die mit dem Papierbrei in Berührung kommen, ein oder übersprühen Sie sie, so erhältlich, mit Backspray. Legen Sie einen Holzrahmen um die Objekte und gießen Sie eine dicke Schicht Papierbrei hinein. Verteilen Sie die Schicht gleichmäßig mit den Fingern und achten Sie darauf, daß alle erhabenen Flächen bedeckt sind.

Legen Sie ein Stück Filz oder Stoff auf die Breischicht und drücken Sie es vorsichtig an. Wischen Sie das überschüssige Wasser, das durch den Stoff sickert, mit dem Schwamm auf, bis der Papierbrei zusammengepreßt und fest ist. Verstärken Sie dünne, schwache Stellen zusätzlich mit Papierbrei. Entfernen Sie den Rahmen vorsichtig und ersetzen Sie das nasse Filzstück durch ein trockenes. Drücken Sie den trockenen Filz vorsichtig an, damit er weiteres Wasser aufnimmt, und drücken Sie dann stärker mit dem Nudelholz auf. Entfernen Sie das Filzstück und lassen Sie den Papierabdruck an der Sonne trocknen. Abhängig vom Wetter und der Größe der Form sollte dies etwa ein bis drei Tage dauern.

Eine eigene Gußform herstellen

Es gibt mehrere Möglichkeiten, eine eigene Gußform herzustellen.

❏ Mit Knete läßt sich leicht eine einfache Gußform herstellen. Wenn Sie jedoch komplizierte Entwürfe arbeiten, wird die Knete beim Entfernen der Gußform oft zusammen mit dem Papierbrei abgehoben. Wärmen Sie die Knete in der Sonne oder an der Heizung 15–30 Minuten lang an, um sie weicher zu machen, und rollen Sie sie dann mit dem Nudelholz auf einem Brett flach aus. Drücken Sie Objekte wie Nägel, Gabeln, Korken, Plätzchenformen, Schmiedeeisen, gebogenen Draht oder Perlen in die Knete.

Sie können den Papierbrei direkt auf die Form gießen, so daß ein unregelmäßiger Rand entsteht, oder einen Rahmen um Ihre 'Gußform' legen, der den Papierbrei umfaßt.

❏ Mit Gips können Sie eine festere und beständigere Form herstellen, die für mehrere Abdrücke geeignet ist. Mischen Sie Gips und Wasser im Verhältnis 1:1, wobei Sie das trockene Pulver langsam ins Wasser geben. Der Gips kann über interessante Objekte gegossen werden, so daß eine Gußform entsteht. Sie können Gesichtsmasken herstellen, indem Sie angefeuchtete Mullbinde auf ein eingefettetes Gesicht geben und darüber eine Schicht Gips auftragen. Wenn die Maske trocken ist, entfernen Sie sie, tragen eine zweite Gipsschicht auf und lassen Sie hart werden. Drücken Sie Papierbrei in diese Form und lassen Sie ihn trocknen.

❏ Ausgeschnittene Pappteile, die auf dicken Karton oder Holz geklebt werden, sind eine preiswerte Möglichkeit, eine einfache Reliefoberfläche für das Papiergießen oder den „Laminatguß" herzustellen.

Gips wird auf den Sand und die Objekte im Rahmeninnern gegossen.

Objekte in dicken Papierbrei einbetten

Bei der entgegengesetzten Technik drückt man Objekte in den Papierbrei hinein. Gießen Sie dann noch ein wenig Papierbrei darüber, um die Objekte zu festigen. Wenn das Papier trocken ist, haften die Fasern an den Objekten fest, so daß sie an Ort und Stelle bleiben. Einige der Objekte können auch entfernt werden, so daß ihre Form in dem trockenen Papier zurückbleibt. Man kann die Objekte auch zuerst bemalen oder Objekte aus Eisen verwenden. Die entstehenden Rostflecken erzeugen interessante Muster.

Dicken, farbigen Papierbrei auf ein Gitternetz oder ein Brett gießen

Dicker, farbiger Papierbrei kann auf ein Gitternetz oder ein Brett gegossen werden. Der Reiz liegt im Kontrast zwischen der Struktur der oberen Fläche und der vom Maschengitter erzeugten.

1. Dicken Papierbrei auf ein Sieb oder eine Gußform gießen

MATERIAL UND WERKZEUG
ein Eimer Papierbrei, den man abtropfen
  läßt, bis er sehr dick ist
Färbemittel
Joghurtbecher
Löffel zum Mischen der Farben
Gußform oder Sieb für den Siebdruck

Rühren Sie Farben in jeweils 500 ml Papierbrei. Denken Sie daran, daß die nasse Farbe mindestens zweimal so intensiv ist wie bei trockenem Papier. Lassen Sie die angemischten Farben mindestens zwei Stunden lang stehen, da auf diese Weise verhindert wird, daß Sie auf dem Sieb ineinander verlaufen.

Achten Sie beim Gießen darauf, daß die Ränder der unterschiedlichen Farben gut ineinandergreifen, da sonst Löcher im Papier entstehen.

Wenn Ihr Entwurf fertig ist, entfernen Sie überschüssiges Wasser von der Unterseite des Siebs mit dem Schwamm, und legen dieses zum Trocknen flach in die Sonne. Nach ein paar Stunden können Sie es senkrecht hinstellen. Abhängig vom Wetter sollte der Trocknungsvorgang 1–3 Tage dauern. Wenn das Stück trocken ist, kann es weiter bearbeitet werden, indem Sie dicken Papierbrei

darauftropfen lassen oder Stoff, Wolle, Muscheln, Samenhülsen und anderen Krimskrams hineinbetten. Wenn das Stück fertiggestellt ist, entfernen Sie es von dem Sieb, indem Sie mit einem Messer um den Rand herumfahren.

Eine Variation der Methode oben besteht darin, zuerst dünnen weißen Papierbrei als Grundschicht über das gesamte Sieb zu gießen. Wenn diese Schicht trocken ist, können Sie die verschiedenen Farben Ihres Entwurfs darauf gießen. Auf diese Weise wird der Bogen verstärkt.

> *Anmerkung:* Man kann den Bogen auch verstärken, indem man angerührten Tapetenkleister zu dem Papierbrei gibt, den man auf die Grundschicht gießt. Tapetenkleister hat den zusätzlichen Vorteil, daß die Ausbreitung von Bakterien und Ungeziefer verhindert wird. Geben Sie eine Tasse voll angemischten Tapetenkleister auf einen Eimer abgetropften Papierbrei.

2. Dicken Papierbrei auf ein Brett gießen

MATERIAL UND WERKZEUG
wie oben, aber verwenden Sie ein Brett
  anstelle einer Gußform oder eines Siebs
ein Stück dünner Stoff oder ein großes
  Filzstück

Der Vorteil dieser Methode liegt darin, daß Sie Ihren Entwurf als Richtlinie zum Auftragen des Papierbreis auf das Brett zeichnen können. Außerdem kann die ebene Oberfläche, die beim Gießen auf ein glattes Brett entsteht, später geleimt werden, so daß sie beschrieben werden kann. Befolgen Sie die Anleitungen der oberen Methode. Wenn der Entwurf fertiggestellt ist, legen Sie ein Stück Stoff darüber und wischen die Flüssigkeit, die durch den Stoff sickert, mit dem Schwamm auf. Wenn der größte Teil des Wassers entfernt wurde, legen Sie das Brett zum Trocknen flach in die Sonne, bis es gefahrlos aufgestellt werden kann. Trennen Sie Papier und Brett mit dem Messer.

> *Achtung:* Bei dieser Methode verwenden Sie keinen Tapetenkleister, da sich dieser nicht von dem Brett entfernen läßt.

Die durchscheinenden Schichten der Patchwork-Methode.

Papiercollagen

„Patchwork"

Bei dieser Technik verwenden Sie einen Schöpfrahmen, mit dem Sie mehrere, sich überlappende Bögen abgautschen, damit ein größerer entsteht. Dies kann als Grundlage für einige andere Techniken dienen und ist besonders attraktiv, wenn mehrere verschiedene Farben verwendet werden.

MATERIAL UND WERKZEUG
ein großes Stück fein gewebter Stoff,
beispielsweise ein Bettlaken oder ein
Tischtuch
Färbemittel
ein DIN A5- oder DIN A4-Schöpfrahmen
ein Eimer weißer Papierbrei
ein saugfähiger Schwamm
vier Babybadewannen oder Waschschüsseln

Mischen Sie zuerst Papierbrei in drei verschiedenen Farben in Joghurtbechern an und lassen Sie ihn zwei Stunden lang stehen. Dann bereiten Sie eine Wanne Wasser vor, die 2 l weißen Papierbrei enthält, der zum Papierschöpfen fertig ist. Feuchten Sie den Stoff gründlich an und breiten Sie ihn ganz glatt auf einer ebenen Oberfläche aus. Schöpfen Sie einen Bogen Papier aus weissem Papierbrei, legen Sie den Schöpfrahmen auf den Stoff und wischen Sie mit dem Schwamm das überschüssige Wasser von der Rückseite des Gitternetzes (die Seite, die sich jetzt oben befindet) ab. Wenn der Schöpfrahmen nicht mehr naß ist, heben Sie eine Seite des Rahmens leicht an, um vorsichtig zu überprüfen, ob er sich ohne den Bogen abheben läßt. Wenn dies nicht der Fall ist, wischen Sie noch einmal mit dem Schwamm darüber. Schöpfen Sie einen zweiten Papierbogen und gautschen Sie ihn auf dieselbe Weise neben dem ersten ab, so daß sich die Kanten leicht überlappen. Fahren Sie auf diese Weise fort, bis ein großer Bogen Papier entstanden ist.

Um sich überlappende, farbige Schichten aufzutragen, müssen Sie den farbigen Papierbrei zuerst verdünnen und ihn gut umrühren, um die Fasern zu verteilen. Gießen Sie kleine Mengen des farbigen Papierbreis in die quadratischen Wannen und schöpfen Sie dünne Bögen. Bauen Sie Schichten von sich überlappenden, dünnen, durchscheinenden Blättern in verschiedenen Farben auf.

Einen Paravent herstellen

Mit der Überlappungsmethode lassen sich auch Paravents herstellen. Lassen Sie das Papier einfach auf dem Stoff liegen und leimen Sie es gut mit einer der in Kapitel 5 vorgestellten Methoden. Wenn der Paravent trocken ist, machen Sie einen sauberen Saum und befestigen den Stoff mit Nägeln oder Reißzwecken auf einem hölzernen Rahmen. Wenn das Papier unregelmäßig getrocknet ist, leimen Sie erneut und dehnen das Ganze vorsichtig, so daß es auf den Rahmen paßt. Jetzt können Farben auf das Papier gespritzt oder gemalt werden.

> **Anmerkung:** Mit der Überlappungstechnik kann man auch auf einem Brett arbeiten. Es kann dann als Grundlage für bildhauerische Effekte wie gedrehte, feuchte Bögen dienen (siehe S. 86).

Befestigen Sie Stoff und Papierbögen mit Reißzwecken auf einem Holzrahmen oder nähen Sie einen breiten Saum und stecken Bambusstäbe durch.

Plastische Collagen

Bildhauerische Effekte durch das Falten, Drehen oder Zerknüllen von feuchten Bögen und das Aufbringen dieser Bögen auf einen bereits geschöpften nassen Bogen verleiht dem Papier eine neue Dimension. Plastische Formen können auf Papier angebracht werden, das entweder direkt auf ein Brett abgegautscht wurde, oder auf nasses Papier, das sich noch im Schöpfrahmen befindet.

MATERIAL UND WERKZEUG
1 ¹/₂ l vorbereiteter Papierbrei
dünne Tischdecken oder Faservlies,
*   das größer ist als der Schöpfrahmen*
Deckkasten und Schöpfrahmen
saugfähiger Schwamm

Mit dem Deckkasten schöpfen Sie ein oder zwei Bögen Papier, die Sie auf Tischtücher oder Faservlies abgautschen und etwa eine Stunde lang in der Sonne oder 3–5 Stunden drinnen aufhängen. In der Zwischenzeit gautschen Sie einen weiteren Bogen Papier mit dem Deckkasten ab. Lassen Sie ihn auf dem Gitternetz liegen oder gautschen Sie ihn auf ein Brett ab. Wenn das Papier auf dem Faservlies noch feucht ist, aber trocken genug, um entfernt zu werden, schieben Sie ein Messer unter eine Ecke und ziehen den Stoff leicht ab. Wenn sich das Papier leicht handhaben läßt und nicht zu durchnäßt und schlaff ist, ist es fertig. Formen Sie die feuchten Bögen und legen Sie sie auf das Papier im Schöpfrahmen, wobei Sie leichten Druck ausüben, damit sie klebenbleiben. Der vorgefertigte Bogen im Schöpfrahmen sollte nicht zu trocken sein, damit die verformten Bögen gut haften.

Konstruktionen

Wenn Sie Papier über Stöcke, Bambus oder Peddigrohr drapieren, können Sie kunstvolle dreidimensionale „Skulpturen" arbeiten, die das Auge einladen, hinter und über die Oberfläche hinaus zu sehen. Besonders schön wirkt dies, wenn Sie mit dünnen, durchscheinenden Pflanzenpapieren arbeiten. Durch das Hinzufügen von Perlen, Knochen, Muscheln, Abfällen aus gerolltem Papier, Wolle und Stoffen, die von dem Rahmen herabhängen, können Sie die Konstruktion in einen faszinierenden Wandbehang oder ein Wandgemälde verwandeln.

Feuchtes Papier kann gedreht und gefaltet und mit einem nassen Bogen, der sich noch im Schöpfrahmen befindet, verbunden werden.

Papier wird über einem Stock oder einer Bambuskonstruktion drapiert.

MATERIAL UND WERKZEUG

trockenes, vorgeformtes, handgeschöpftes
  Papier
Stöcke, Bambus oder Schilfrohr
beigefarbenes Baumwollhäkelgarn
Schere
angerührter Tapetenkleister
Malpinsel

Binden Sie eine zweidimensionale Konstruktion zusammen oder arbeiten Sie mehrere Schichten getrennter Konstruktionen. Legen Sie einen Bogen Papier an eine Ecke, die Sie drapieren möchten und markieren Sie mit dem nassen Pinsel eine Reißlinie. Geben Sie genug Rand zu, um das Papier um die Stöcke zu falten. Reißen Sie das Papier und tragen Sie Tapetenkleister auf den Papierrand und auf die Stöcke auf, mit denen es in Kontakt sein wird. Drapieren Sie das Papier sofort um die Stöcke und falten Sie es über. Um guten Kontakt sicherzustellen, glätten Sie die Kontaktpunkte mit dem Pinsel. Fahren Sie auf diese Weise fort und planen Sie sorgfältig, wo Sie Papier und wo Sie freie Stellen haben wollen.

Schalen

Es gibt zwei Möglichkeiten, Schalen herzustellen. Bei der ersten wird dicker Papierbrei auf die Innen- oder Außenfläche einer vorhandenen Schale aufgetragen. Der Papierbrei kann angerührten Tapetenkleister enthalten. Die Schale wird eingefettet oder mit Frischhaltefolie abgedeckt, bevor der Papierbrei aufgetragen wird. Bei der zweiten Methode, dem „Laminatguß", werden vorgefertigte Papierbögen direkt auf ein Brett abgegautscht. Reißen Sie kleine Papierstücke ab, solange das Papier noch feucht ist, und tragen Sie sie auf die eingefettete Schale auf, so daß sich die fedrigen Rißkanten überlappen. Nachdem zwei oder drei Schichten dieser sich überlappenden Stücke aufgetragen wurden, läßt man die Schale trocknen. Dann wird die Schale mit Methylzellulose eingesprüht oder mit einer verdünnten Lösung Tapetenkleister eingestrichen. Abhängig von der gewünschten Stärke können zwei bis drei weitere Schichten sich überlappender Papierstreifen aufgetragen werden. Wieder läßt man die Schale trocknen und

Fetzen von feuchtem, frisch geschöpftem Papier werden auf eine eingefettete Oberfläche aufgetragen.

Eine Papierschale, für die kleine Stücke von frisch geschöpftem Papier auf einen geflochtenen Korb laminiert wurden.

versiegelt sie anschließend gut mit Tapetenkleister. Falls Sie die Schale bemalen möchten, muß dies geschehen, bevor Sie den Kleister auftragen, da sich die Farbe sonst nicht gut verteilen läßt.

Denken Sie daran, die Oberfläche, die mit dem Papier bedeckt wird, einzufetten oder auszulegen und den Papierabdruck erst zu entfernen, wenn er ganz trocken ist. Dazu schieben Sie einfach ein stumpfes Messer zwischen Schale und Abdruck und arbeiten sich um die ganze Schale herum, bis das Vakuum unterbrochen ist. Heben Sie den Abdruck von der Schale ab und bemalen oder versiegeln Sie das Innere zur Verstärkung mit Tapetenkleister.

Papiermaché

Ein Buch über Papierkünste wäre unvollständig, wenn das Papiermaché nicht erwähnt würde. Die Kunst, Objekte aus Papiermaché herzustellen, besteht schon so lange wie die Technik des Papiermachens und entstand wahrscheinlich bei den Chinesen, die mit Papiermaché Statuen für ihre religiösen Feiern herstellten. In Europa wurde es während der viktorianischen Periode populär, als man damit dekorative und unverwüstliche Haushaltsartikel wie Schachteln, Tabletts, Regale und Möbel arbeitete. Diese wurden mit mehreren Schichten Farbe und glänzendem Lack nachbearbeitet.

Der Name Papiermaché bedeutete ursprünglich „aus Papierpulpe hergestellt" oder wörtlich „gekautes Papier". Heute umfaßt der Begriff auch Papierobjekte, die entstehen, wenn man mehrere Schichten zerrissener Papierstreifen auf eine Form klebt, bis die gewünschte Stärke und Dicke erreicht ist.

Heute werden noch viele Artikel aus Papiermaché hergestellt: unter anderem Mappen, Puppen, Bühnenmasken, Requisiten und Landschaften für Spielzeugeisenbahnen. Künstler haben die Papiermachétechnik als bildhauerisches Medium wiederentdeckt, das sie oft mit Malerei oder kunsthandwerklichen Techniken kombinieren.

Dieser Abschnitt befaßt sich hauptsächlich mit dem Papiermaché in seinem ursprünglichen Sinn als „breiiges Papier" und umreißt kurz die bekanntere Methode, bei der gerissene Papierstreifen auf eine Form geklebt werden.

Papiermaché mit gerissenen Streifen

Alle Arten von Papier, die für die Papierherstellung geeignet sind, sind auch für Papiermaché geeignet. Das Papier sollte gerissen, nicht zugeschnitten werden, da gerissenes Papier weichere Kanten hat, so daß die Überlappungen weniger offensichtlich sind. Zeitungspapier sollte man vermeiden, wenn man haltbare Artikel herstellen möchte. Das Objekt, das Sie als Form verwenden, sollte glatt sein, z. B. eine Schale, ein Teller oder ein Ball.

MATERIAL UND WERKZEUG
gerissene Papierstreifen
angerührter Tapetenkleister
eine flache Schale
ein glattes Objekt als Form
Vaseline

Reißen Sie mehrere Papierbögen in schmale Streifen und weichen Sie diese in Wasser ein. Verteilen Sie Vaseline auf der Oberfläche der Form. Bauen Sie eine Papierschicht auf der Form auf, wobei die Streifen sich überlappen. Die erste Schicht wird ohne Kleister aufgetragen, damit das Papier nach dem Trocknen nicht an der Form klebenbleibt. Wenn die erste Schicht fertig ist, streichen Sie Tapetenkleister darüber. Dann tragen Sie die zweite Schicht auf, wobei Sie auch die Innenseite jedes Streifens einkleistern. (Sie können verschiedene Farben für die einzelnen Schichten verwenden.) Nach drei oder vier Papierschichten lassen Sie das Objekt an einem warmen Ort trocknen. Wiederholen Sie dann den Prozeß, bis die gewünschte Stärke erreicht ist. Um das Objekt aus Papiermaché abzunehmen, schieben Sie ein stumpfes Messer zwischen Papier und Form und arbeiten sich am Rand entlang, bis es sich löst. Versuchen Sie nicht, diesen Arbeitsschritt zu schnell durchzuführen, da Sie sonst das Papiermaché einreißen könnten. Um das Objekt fertigzustellen, schmirgeln Sie es mit feinem Sandpapier ab, und versiegeln es mit Tapetenkleister, oder mit Farbe und Mattlack.

Brei

Diese Methode ist besonders geeignet für das Modellieren von Gesichtsmasken oder das Ausfüllen von Gipsformen. Früher hat man sogar Möbel damit hergestellt. Der Brei braucht normalerweise eine stützende Grundstruktur, z.B. aus modelliertem Ton oder geschnitztem Styropor. Stützende Formen kann man auch aus zerknüllter Alufolie oder gebogenem Maschendraht herstellen. Eine erste Schicht aus zerrissenen Papierstreifen über dem Drahtgerüst oder der Folie dient als Grundlage für den Brei.

MATERIAL UND WERKZEUG
ein Eimer vorbereiteter Papierbrei
ein Netzbeutel oder Nylonstrumpf
angerührter Tapetenkleister
Form
Vaseline

Lassen Sie den Papierbrei durch den Strumpf oder Netzbeutel abtropfen und kneten Sie, bis er trocken ist. Fügen Sie eine Tasse Tapetenkleister hinzu und kochen Sie Papierbrei und Kleister, bis die Masse klebrig und glatt ist und der Wasserinhalt reduziert wurde. Dies macht den Brei fester, so daß er sich leichter modellieren läßt. Fetten Sie die zu modellierende Oberfläche ein, falls Sie sie von dem Abdruck entfernen wollen, wenn der Brei trocken ist, und verteilen Sie dann den Brei darauf, indem Sie ihn fest mit den Händen andrücken. Da getrockneter Brei oft etwas klumpig wirkt, führt das „Buttern" mit einem Spatel oder das Festdrücken mit einem Löffel zu einer glatteren Oberfläche. Wenn Sie den Brei in eine negative Form gießen (z. B. in eine Maske), erhalten Sie eine glattere Oberfläche.

> **Anmerkung:** *Obwohl die Papiermaché-Technik den bereits umrissenen Techniken des Laminierens und Papiergießens ähnelt, gibt es einige feine Unterschiede. Im Fall von Papiermaché wird dicker Papierbrei mit Kleister gekocht, bis er fest und klebrig ist, während in der oben beschriebenen Gußtechnik einfach abgetropfter Papierbrei verwendet wird. Das Hinzufügen von Kleister ist freigestellt. Beim Laminatguß werden Streifen neu geschöpften Papiers verwendet, wobei man sich auf die Bindeeigenschaften der Zellulose verläßt, während man bei der Papiermaché-Technik trockene Papierstreifen mit Kleister übereinanderschichtet.*

Arbeiten von Papierkünstlern

Immer mehr Künstler experimentieren heute mit Papier als Kunstmedium und verwenden es entweder allein oder zusammen mit anderen Medien. Obwohl mehrere zeitgenössische Künstler die dreidimensionale Qualität von Papier untersucht haben, würde es den Rahmen dieses Buches sprengen, sie alle hier aufzuführen. Diese beiden Seiten zeigen jedoch ein paar eindrucksvolle Beispiele für die Vielseitigkeit und Flexibilität von Papier in den Arbeiten von Papierkünstlerinnen.

KARLIEN DE HAAS (6 Jahre alt) *Der Regenbogen* (31 x 22 cm)
Karlien hat diese Arbeit entworfen und die Farben selbst gewählt. Die Idee, die diesem Stück zugrundelag, war eine Landschaft, über der ein Regenbogen lag. Sie hat mit dem Regenbogen angefangen, indem sie dünnen Papierbrei auf einen DIN A4-Schöpfrahmen gegossen hat. Die Blüten und die Landschaft wurden später mit dickerem Papierbrei hinzugefügt.

HELEEN DE HAAS *Aufgebrochene Diagonale* (63 x 48 cm)
Heleen arbeitet mit dickem Papierbrei in leuchtenden Farben, den sie auf ein großes Sieb für den Siebdruck gießt. Sie arbeitet gerne mit der taktilen Dimension des Papierbreis und beschreibt ihre Arbeiten als Kombination aus Malerei und Bildhauerei - der Papierbrei kann entweder ziemlich flüssig sein und wie eine Lasur aufgetragen werden oder sehr dick, um wie Ton gehandhabt zu werden. Diese Methode ist auf Seite 84 beschrieben.

HELEEN DE HAAS
Heleens Arbeitsmethode, bei der sie den Papierbrei direkt auf die Oberfläche eines feinen Siebs für Siebdruck gießt, ist rechts klar erkennbar.

ROSE DENOVAN *Bucht der Ruhe* (56 x 68 cm)
Rose hat mit mehreren Schalen farbigem Papierbrei gearbeitet. Der Brei wurde auf einem gefurchten Brett aufgebaut. Als das Papier trocken war, wurde es entfernt und weiter bearbeitet. Die Klippen wurden mit Ölstiften eingezeichnet, während die weißen Wellen mit Gouache aufgemalt wurden.

ROSE DENOVAN *Durch Spitzengardine gesehen* (Detail)
Dieses Detail zeigt Techniken des Papiermachens und der Stickerei. Das Papier wurde auf ein Brett gegossen und zur Verstärkung mit Stoff unterlegt. Das trockene Stück wurde von Hand und mit der Maschine bestickt.

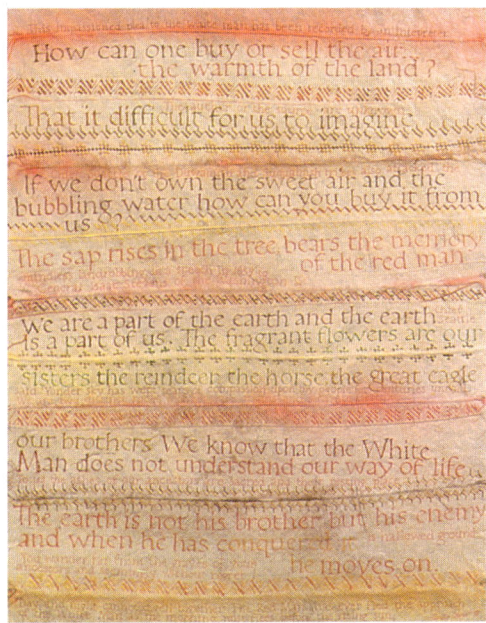

LIN KERR *Wie kann man die Luft kaufen oder verkaufen* (50 x 40 cm)
Lin ist Papiermacherin und Kalligraphin. Für diese Arbeit hat sie natürliche Materialien wie Palmenfasern, Woll- und Baumwollgarn und Gelatineleim verwendet.

Stichwortverzeichnis

Weiterführende Literatur

Juliet Bawden
Kreatives Gestalten mit Papiermaché
Ein Mosaik Werkstattbuch
Mosaik Verlag 1991

Vivian Frank
Arbeiten mit Schmuckpapier
Augustus Verlag 1991

Jürgen Franzke
Zauberstoff Papier.
Sechs Jahrhunderte Papier in Deutschland
Hugendubel 1990

Paul Jackson
Handbuch Origami & Papiermaché
Ein Mosaik Werkstattbuch
Mosaik Verlag 1992

Hermann Kühn, Lutz Michel
Papier – Katalog zur Ausstellung
Deutsches Museum München 1986

Faith Shannon
Kreatives Gestalten mit Papier
Ein Mosaik Werkstattbuch
Mosaik Verlag 1988